【象棋谱丛书】

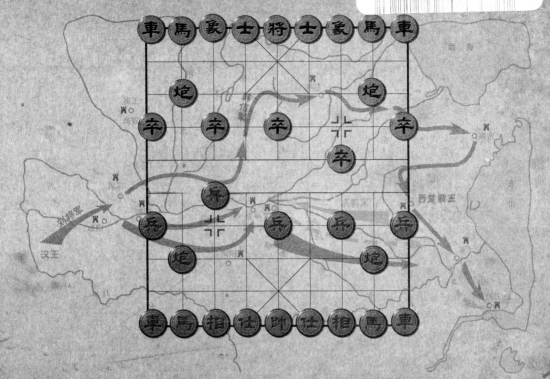

对兵局

黄少龙 段雅丽 杜彬 · 编

经济管理出版社·棋书中心

图书在版编目（CIP）数据

对兵局/黄少龙，段雅丽，杜彬编 .—北京：经济管理出版社，2015.5

ISBN 978-7-5096-3693-0

I.①对… II.①黄… ②段… ③杜… III.①中国象棋—布局（棋类运动） IV.①G891.2

中国版本图书馆 CIP 数据核字（2015）第 066117 号

组稿编辑：郝光明　王　琼
责任编辑：郝光明　史思旋
责任印制：黄章平
责任校对：超　凡

出版发行：经济管理出版社
　　　　　（北京市海淀区北蜂窝 8 号中雅大厦 A 座 11 层　100038）
网　　址：www. E-mp. com. cn
电　　话：（010）51915602
印　　刷：三河市聚河金源印刷有限公司
经　　销：新华书店
开　　本：720mm×1000mm/16
印　　张：12.5
字　　数：205 千字
版　　次：2015 年 5 月第 1 版　2015 年 5 月第 1 次印刷
印　　数：1-5000 册
书　　号：ISBN 978-7-5096-3693-0
定　　价：33.00 元

总　序

具有初、中级水平的棋友，如何提高棋力？这是大家关心的问题。

一是观摩象棋大师实战对局，细心观察大师在开局阶段怎样舒展子力、部署阵型，争夺先手；在中局阶段怎样进攻防御，谋子取势、攻杀入局；在残局阶段怎样运子，决战决胜，或者巧妙求和。从大师对局中汲取精华，为我所用。

二是把大师对局按照开局阵式分类罗列，比较不同阵式的特点、利弊及对中局以至残局的影响，从中领悟开局的规律及其对全盘棋的重要性。由于这些对局是大师们经过研究的作品，所以对我们有很实用的价值，是学习的捷径。

本丛书就是为满足广大棋友的需要，按上述思路编写的。全套丛书以开局分类共51册，每册一种开局阵式。读者可以选择先学某册开局，并在自己对弈实践中体会有关变化，对照大师对局的弈法找出优劣关键，就会提高开局功力，然后选择另一册，照此办理。这样一册一册学下去，掌握越来越多的开局知识，你的开局水平定会大为提高，赢棋就多起来。

本丛书以宏大的气魄，把象棋开局及其后续变化的巨大篇幅展示在读者面前，是棋谱出版的创举，也是广大棋友研究象棋的好教材，相信必将得到棋友们的喜爱。

黄少龙

2013.11.6

前　言

　　双方互挺侧翼兵卒，称为对兵局。较早见于清朝乾隆年间吴兆龙的弈局，但没有固定阵式，可演变成中炮对屏风马、屏风马对屏风马、中炮对反宫马等多种局法，变化多端，当时就比较流行。

　　目前对兵局，除了上述局型外，还有横车对屏风马、单提马对单提马等，但主要是兵底炮对还中炮局，黑方有左中炮与右中炮两大类。黑还左中炮的优点是左车出动较快，红有单提及列手炮两种攻法，前者柔中带刚，后者对抗激烈。棋手们偏重于前者，可以拉长战线，中局变化较多，存在较多的较量机会。

　　兵底炮对还右中炮，则与人们熟悉的挺兵对卒底炮阵式相仿，只是红方多挺一步兵，而变化却不同。红方的优点是左马活跃，缺点是兵林线有被黑方控制的问题，所以利弊参半。

　　还有一种情况，就是红硬冲三兵过河，让黑炮打空头。此时局势紧张，惊险异常，但经过解拆，红方有惊无险，是走得通的。

　　总之，对兵局也是挺兵局之一种，变化错综复杂，是棋手们喜欢的流行布局。

目 录

目 录

第一章 兵底炮

第1局 刘宗泽负阎文清

1. 兵七进一　卒7进1
2. 炮二平三　象3进5
3. 马二进一　马8进7
4. 车一平二　车9平8
5. 炮八平五　炮8进4
6. 马八进七　士4进5（图1）
7. 车九平八　马2进4
8. 炮五平四　车1平2
9. 兵一进一　炮2平3
10. 车八进九　马4退2
11. 车二进一　炮3进3
12. 相七进五？炮8平5！
13. 相五进七　车8进8
14. 马七进五　卒3进1！（图2）

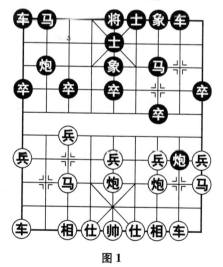

图1

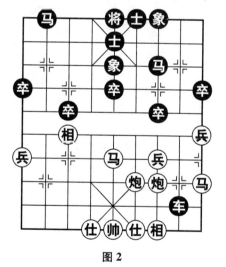

图2

第 2 局 杨官璘胜于幼华

1. 兵七进一　卒 7 进 1　　　　2. 炮二平三　象 3 进 5

3. 炮八平五　马 8 进 7　　　　4. 马二进一　车 9 平 8

5. 车一平二　炮 8 进 4　　　　6. 马八进七　士 4 进 5

7. 兵一进一　卒 3 进 1（图 3）　8. 兵七进一　马 2 进 4

9. 炮五退一！车 1 平 3　　　　10. 相七进五　车 3 进 4

11. 车九平八　炮 8 进 2　　　　12. 车八进四　车 8 进 7

13. 炮五平七　车 3 平 4　　　　14. 炮三退一！车 8 平 9

15. 车二进一　车 9 平 7　　　　16. 炮三平六　炮 2 平 4

17. 马七进六　车 4 平 3　　　　18. 炮六进六　士 5 进 4

19. 车八进四　车 3 平 4？　　　20. 车八平六　车 4 进 1

21. 炮七进一！（图 4）

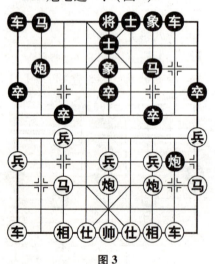

图 3

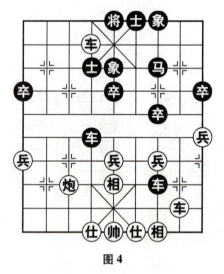

图 4

第 3 局 许文学负万春林

1. 兵七进一　卒 7 进 1　　　　2. 炮二平三　炮 2 平 5

3. 相七进五　马 2 进 3　　　　4. 兵三进一　车 1 平 2

5. 兵三进一　炮 5 进 4　　　　6. 仕六进五　象 7 进 5（图 5）

7. 马二进一　炮 5 平 8　　　　8. 车一进一　车 9 进 1

9. 车一平四　车9平6　　　10. 兵三平四　车2进6
11. 车四进三　马8进7　　　12. 车四平二　车6进3
13. 马八进七　马7进8　　　14. 车二平一　车6进1
15. 马七进六　后炮平7　　　16. 车九平六?　炮8平5!
17. 马一进三　车6平9　　　18. 兵一进一　车2进1!
19. 马六进四　马8进7　　　20. 马四退五　炮7进5
21. 马五退三（图6）

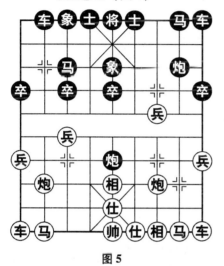

图5

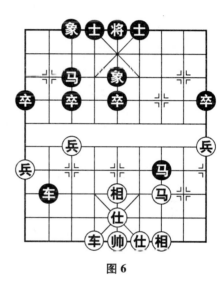

图6

第4局　赵国荣胜张江

1. 兵七进一　卒7进1　　　2. 炮二平三　炮8平5
3. 马八进七　马8进7　　　4. 炮三进三　炮2平3（图7）
5. 炮三进一　马2进1　　　6. 马二进三　车1平2
7. 炮八平九　卒3进1　　　8. 马七进六　卒3进1
9. 马六进四　炮3进1　　　10. 炮九进四　炮3平7
11. 炮九平三　车2进4?　　　12. 马四进二!　将5进1
13. 车一平二　炮5平3　　　14. 兵三进一　炮3进1
15. 炮三平七　马1进3　　　16. 相七进五　马3进4
17. 车九平七　马4进6　　　18. 车七进一　象7进5
19. 车七平四　马6退5　　　20. 兵三进一　象5进7
21. 马二进四!　将5进1　　　22. 车二进六!（图8）

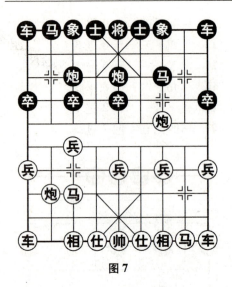

图7

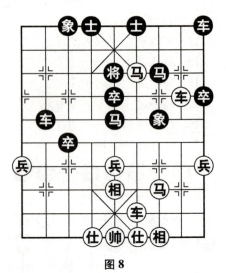

图8

第5局　李来群胜陶汉明

1. 兵七进一　卒7进1
2. 炮二平三　象7进5
3. 马二进一　炮8进4
4. 车一平二！炮8平5（图9）
5. 马八进七　炮5退2
6. 马七进六　马2进1
7. 马六进七　马8进7
8. 马七退五　卒5进1
9. 车二进六　卒9进1
10. 兵七进一！象5进3
11. 炮八平五　象3退5
12. 车九平八　车1平2
13. 车八进五　车9进3
14. 车二平一　马7进9
15. 车八平五　士6进5
16. 车五进一　马9退7
17. 车五平三　将5平6
18. 兵三进一！卒7进1

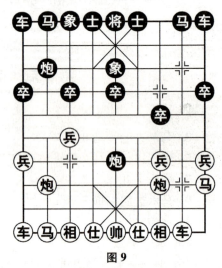

图9

19. 仕四进五　马7退8
20. 车三平四　马8进6
21. 帅五平四　士5进6
22. 炮三平四（图10）

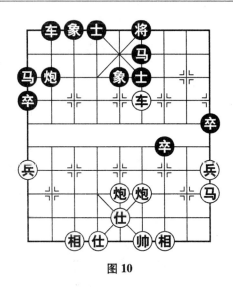

图 10

第6局 胡明负单霞丽

1. 兵七进一　卒7进1
2. 炮二平三　炮2平5
3. 相七进五　马2进3
4. 马二进一　马8进9
5. 车一平二　车9平8
6. 车二进四　车1平2
7. 仕六进五　卒9进1
8. 马八进六　车2进4（图11）
9. 车九平八　车2平4
10. 炮八平六　炮5进4！
11. 车八进三　炮8平5
12. 车二平四　卒5进1
13. 车四进二　卒5进1
14. 炮三平四　马3进5！
15. 车八进六？车8进1！
16. 马六进八　后炮平4
17. 马八退七　象7进5
18. 车八退六　马9进8
19. 车四退三　卒3进1
20. 炮六进五　车4退2
21. 马七进九　马5进4
22. 车八平六　卒3进1
23. 马九进七　卒3进1！

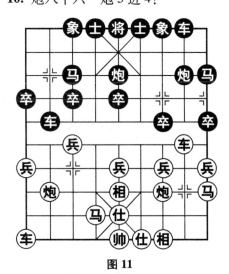

图 11

24. 车六平七（图12）

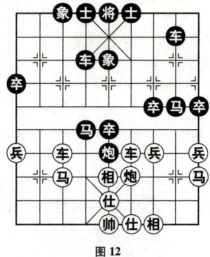

图 12

第7局　阎文清胜陈启明

1. 兵七进一　卒7进1		**2.** 炮二平三　炮8平5
3. 炮八平五　马8进7		**4.** 马八进七　马2进1
5. 车九平八　车1平2		**6.** 马二进一　车9平8
7. 兵一进一　卒1进1		**8.** 车一进一　士6进5
9. 车一平四　炮2进2		
10. 车八进三　炮5平2（图13）		
11. 车八平六　象7进5		
12. 兵五进一　后炮平4		
13. 车四进三　车8进4		
14. 马一进二！卒7进1		
15. 车四平三　炮2平4		
16. 车六平四　前炮退1		
17. 炮三平二　车8平4		
18. 马二进三　车4平8		
19. 马三退二　车8平4		
20. 车三平四　马1进2？		
21. 马二进四！马2退3		

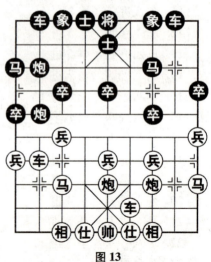

图 13

22. 兵五进一！ 卒5进1　　　　**23.** 马四进二　前炮平7

24. 前车平三（图14）

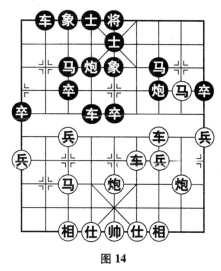

图14

第8局　金松胜葛维蒲

1. 兵七进一　卒7进1　　　　　**2.** 炮二平三　炮8平5

3. 相七进五　马8进7　　　　　**4.** 马二进一　车9平8

5. 车一进一　炮5进4　　　　　**6.** 仕六进五　炮5平9？（图15）

7. 车一平四　象3进5

8. 马八进七　车8进3

9. 车九平六　士4进5

10. 兵三进一！ 卒7进1

11. 马七进五！ 卒7进1

12. 马五进三　象5进7

13. 马一进三　炮9进3

14. 后马进五　车8进6？

15. 炮三进三！ 象7进9

16. 炮三进一　卒5进1

17. 车四进二　卒5进1

18. 马三进四　炮2平6

19. 炮八进二！ 卒5进1

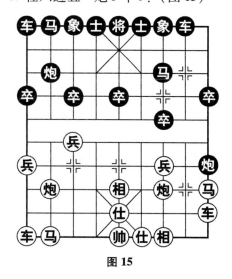

图15

20. 车四平五　车1进2

21. 车六进五　炮6退1

22. 兵七进一　车8退4

23. 炮八平五　车1平5

24. 车五平八！（图16）

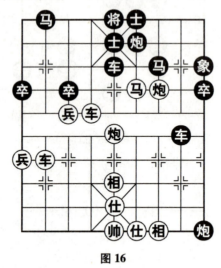

图 16

第9局　卜凤波胜李艾东

1. 兵七进一　卒7进1

2. 炮二平三　象7进5

3. 马二进一　马8进7

4. 炮八平五　车9平8

5. 车一平二　炮8进4

6. 马八进七　马2进1

7. 车九进一　车1平2

8. 车九平四　炮2平4（图17）

9. 车四进三　车2进6

10. 兵三进一　车2退2

11. 车四退一　炮8退1

12. 兵三进一　车2平7

13. 车四平三　车7进2

14. 马一进三　士4进5

15. 炮三进五！炮4平7

16. 马三进四　炮7进2

17. 车二进三！卒5进1

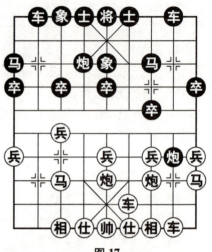

图 17

18. 马七进六　车 8 进 2　　　　**19.** 马六退四　炮 8 退 1？

20. 后马进三　象 5 进 7　　　　**21.** 炮五平二！马 1 退 3

22. 马四退三　炮 8 进 1　　　　**23.** 炮二进二　马 3 进 4

24. 相三进五（图 18）

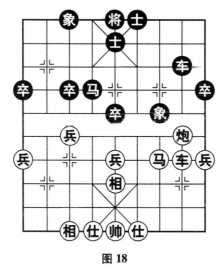

图 18

第 10 局　赵国荣胜于红木

1. 兵七进一　卒 7 进 1　　　　**2.** 炮二平三　象 7 进 5

3. 马二进一　马 8 进 7

4. 车一平二　车 9 平 8

5. 相七进五　马 2 进 1

6. 马八进七　车 1 进 1

7. 仕六进五　车 1 平 4

8. 兵一进一　炮 8 进 4（图 19）

9. 兵九进一　士 6 进 5

10. 炮八平九　车 4 进 5

11. 车九平六　车 4 平 3

12. 车六进四　卒 5 进 1

13. 兵三进一　卒 7 进 1

14. 车六平三　马 7 进 5

15. 炮九退二　车 8 进 2

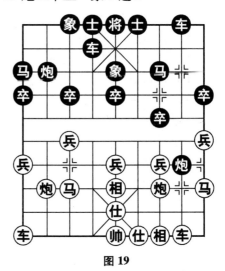

图 19

16. 炮九平七　车 3 平 4

17. 马一进二！炮 8 平 7

18. 炮三平二　炮 7 平 8

19. 炮二平三　炮 8 平 9

20. 车二进三　炮 9 进 3

21. 车二平四！炮 9 平 8？

22. 马二进三　车 8 退 2

23. 车四进三　炮 2 进 1

24. 马三进一！（图 20）

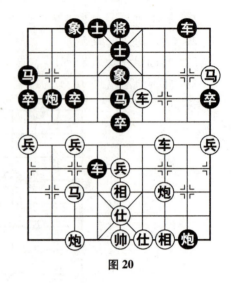

图 20

第 11 局　洪智负于幼华

1. 兵七进一　卒 7 进 1

2. 炮二平三　炮 2 平 5

3. 马八进七　马 2 进 3

4. 车九平八　车 1 平 2

5. 炮八进四　马 8 进 7（图 21）

6. 炮三进三　炮 8 进 5

7. 车一进一　车 9 平 8

8. 车一平四　士 6 进 5

9. 炮三进一　卒 5 进 1

10. 仕六进五　炮 8 退 4

11. 炮八退二　车 2 进 4

12. 兵三进一　马 3 进 5

13. 炮三退一？马 5 进 7

14. 兵三进一　炮 8 平 5！

15. 马二进三　车 8 进 1

16. 车四平三　卒 5 进 1

17. 兵三进一　车 2 平 7！

18. 兵三进一　车 8 平 7

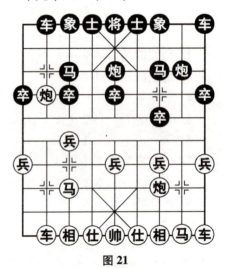

图 21

19. 车三进一　车 7 进 3

20. 相七进五　卒 5 进 1

21. 马七进六　卒 5 进 1！

22. 相三进五　前炮平 8

23. 帅五平六　炮 5 平 4

24. 马六退四 车7平5   **25. 马四进二 炮8平5（图22）**

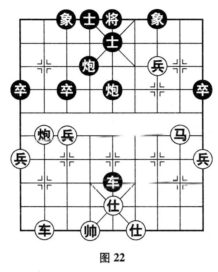

图 22

第 12 局 张惠民负陶汉明

1. 兵七进一 卒7进1   **2.** 炮二平三 象7进5

3. 马二进一 炮8进4   **4.** 车一平二 炮8平5

5. 马八进七 炮5退2   **6.** 马七进六 马2进1

7. 马六进七 马8进7   **8.** 马七退五 卒5进1

9. 车二进六 卒9进1（图23）

10. 炮八进四 士6进5

11. 车二平三 炮2平3

12. 兵七进一 车9平6

13. 兵七进一 炮3平4

14. 仕六进五 炮4进4

15. 相七进五 马7退8

16. 车九平六 炮4平5

17. 车六进五? 卒5进1

18. 帅五平六 马8进6

19. 车三平四 马6进8

20. 车四平二 车1平2

21. 相五退七 马8进6!

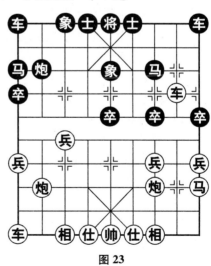

图 23

22. 炮八平四　车2进9　　　23. 相三进五　马1进3

24. 炮四平五　马3进4!　　 25. 马一退三　炮5平4

26. 车六平五　马4进2　　　27. 帅六平五　炮4平5!（图24）

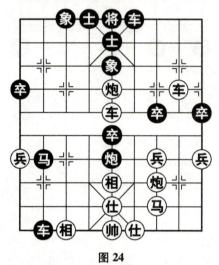

图 24

第13局　胡荣华胜宗永生

1. 兵七进一　卒7进1　　　2. 炮二平三　象3进5

3. 马二进一　马8进7　　　4. 车一平二　车9平8

5. 车二进四　马2进3

6. 马八进七　炮8平9

7. 车二进五　马7退8

8. 车九进一　炮9进4

9. 车九平二　马8进9

10. 兵三进一　卒7进1（图25）

11. 炮八进二!　卒7平6

12. 马一进三　卒6进1

13. 马三进四　炮9平7

14. 相三进五　车1进1

15. 炮八退一　炮7平5

16. 马七进五　卒6平5

17. 炮三进五!　车1平6

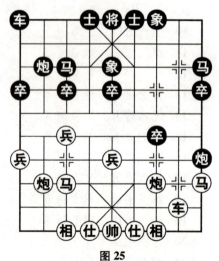

图 25

18. 马四进二　马9退7

19. 炮八进三　卒3进1

20. 兵七进一　象5进3

21. 车二平三！炮2退1

22. 炮三进二　士6进5

23. 车三进六　象3退5

24. 炮八平七　后卒进1？

25. 炮七平一　马7退9

26. 炮三平二！（图26）

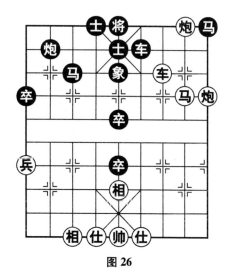

图 26

第 14 局　杨德琪胜臧如意

1. 兵七进一　卒7进1　　　　2. 炮二平三　士6进5？

3. 炮八平五　象3进5　　　　4. 马八进七　马8进7

5. 车九平八　马7进8

6. 炮五进四　车9平8（图27）

7. 炮五退一　炮8平9

8. 马二进一　马8进9

9. 炮三进三！马2进4

10. 车一平二　车8进9

11. 马一退二　卒3进1

12. 车八进六！卒3进1

13. 车八平三　将5平6

14. 车三平四　将6平5

15. 炮三进三！车1平3

16. 炮三平六　卒3进1

17. 马七退五　卒3进1

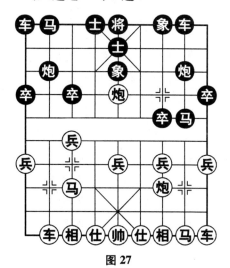

图 27

18. 炮六退三　马9进8　　　19. 炮六退四　马8退9

20. 马五进四　卒3平4　　　21. 炮六平四　炮9平6

22. 车四平三　炮6平7　　　23. 马四进三！车3进4

24. 兵五进一　马9进8　　　　　**25.** 车三进一　车3平5

26. 马三进四（图28）

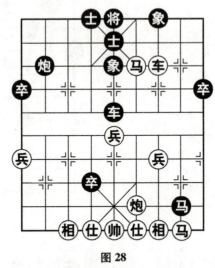

图 28

第 15 局　蒋川胜李群

1. 兵七进一　卒7进1　　　　　**2.** 炮二平三　炮8平5

3. 马八进七　马8进7　　　　　**4.** 相七进五　马2进1

5. 车一进一　炮2平3　　　　　**6.** 车一平六　车1平2

7. 车九平八　士6进5

8. 仕六进五　象7进9（图29）

9. 马二进一　车9平6

10. 兵一进一　车2进4

11. 马一进二　卒1进1

12. 车六进三　马7进6

13. 车六平四　卒7进1

14. 车四平三　马6进5

15. 马七进五　炮5进4

16. 车八平六　车6进3

17. 车六进三　炮5退2

18. 车三进二　车6平7

19. 马二进三　象9退7

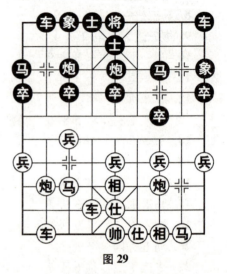

图 29

20. 炮三平一　炮 3 平 7　　**21.** 炮一进四！象 7 进 5

22. 炮一平五　车 2 进 3　　**23.** 马三退五　车 2 退 3

24. 马五进三　车 2 平 7　　**25.** 马三进一　炮 7 进 4？

26. 炮五平三！（图 30）

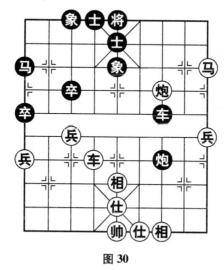

图 30

第 16 局　杨官璘负陈金盛

1. 兵七进一　卒 7 进 1　　**2.** 炮二平三　象 7 进 5

3. 炮八平五　马 8 进 7

4. 马二进一　车 9 平 8

5. 车一平二　炮 8 进 4

6. 马八进七　马 2 进 1

7. 车九进一　车 1 进 1

8. 车九平八　炮 2 平 3（图 31）

9. 车八进六　炮 3 进 3

10. 相七进九　炮 3 进 1

11. 兵三进一　马 7 进 6！

12. 车八退三　车 1 平 4

13. 车八平七　车 4 进 5

14. 车七平四　车 4 退 2

15. 兵三进一　马 6 进 4

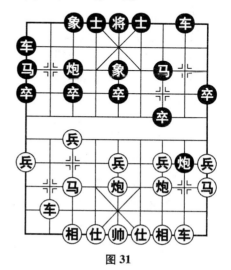

图 31

16. 兵三平四　车8平7
17. 车二进二　士4进5
18. 炮三平四?　马4进2!
19. 帅五进一　车7进9
20. 车二平三　将5平4!
21. 马七退八　车7平6
22. 炮四退一　炮8进2
23. 马一退三　炮3进3
24. 炮五平六　马2进4
25. 帅五进一　车6平5
26. 帅五平四　马4进6（图32）

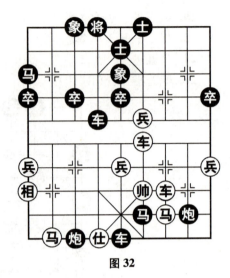

图32

第17局　谢靖胜姚宏新

1. 兵七进一　卒7进1	2. 炮二平三　象7进5
3. 马二进一　马8进7	4. 车一平二　车9平8
5. 车二进六　炮8平9	6. 车二进三　马7退8
7. 炮八平五　马2进3	
8. 车九进一　车1进1（图33）	
9. 车九平二　马8进6	
10. 车二进七　车1平4	
11. 车二平三　炮2退1	
12. 车三退一!　车4进7	
13. 车三平一　车4平2	
14. 炮五平七　马6进7	
15. 车一平三　马7进5	
16. 炮三平二!　马3退5	
17. 炮二进七　后马退7	
18. 兵五进一　马5进3	
19. 仕四进五　车2进1	
20. 相三进五　车2退2	
21. 炮七进四!　卒9进1	
22. 炮二退七　车2退4	
23. 炮七进二　马7进9?	

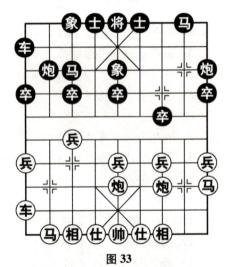

图33

24. 炮二进七　象 5 退 7　　　　25. 炮七平二！马 3 进 2

26. 车三进二（图 34）

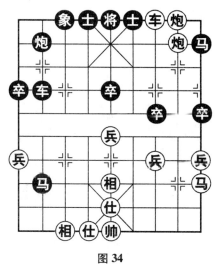

图 34

第 18 局　陆峥嵘胜侯昭忠

1. 兵七进一　卒 7 进 1　　　　2. 炮二平三　炮 2 平 5

3. 相七进五　马 2 进 3　　　　4. 兵三进一　车 1 平 2

5. 兵三进一　炮 5 进 4　　　　6. 仕六进五　象 7 进 5

7. 马二进一　炮 5 平 8

8. 车一进一　车 9 进 1（图 35）

9. 车一平四　车 9 平 6

10. 兵三平四　车 2 进 6

11. 炮三平二！后炮进 5

12. 炮八平二　马 8 进 7

13. 兵四进一　士 6 进 5

14. 马八进七　卒 5 进 1

15. 车九平六　卒 5 进 1

16. 车四平三　马 7 进 6

17. 炮二平四　车 6 平 8

18. 车三进四！马 6 进 5？

19. 车三退二　炮 8 进 1

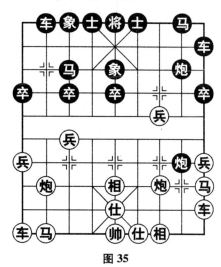

图 35

20. 车六进八　车8进2　　21. 车三平四　车2退3

22. 车六退五！卒3进1　　23. 兵七进一　象5进3

24. 马七进五　炮8退1　　25. 车四平三　象3退5

26. 马五进三！（图36）

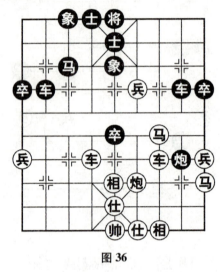

图 36

第 19 局　蒋凤山负靳玉砚

1. 兵七进一　卒7进1　　2. 炮二平三　炮2平5

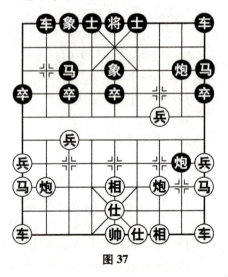

3. 相七进五　马2进3

4. 兵三进一　车1平2

5. 兵三进一　马8进9

6. 马二进一　炮5进4

7. 仕六进五　炮5平8

8. 马八进九　象7进5（图37）

9. 车九平六　车2进6

10. 炮八平七　车9平8

11. 兵三进一　后炮进2

12. 炮七进四　前炮进1

13. 马九进七　马9进7

14. 炮三进一　车2退3

15. 炮七平三　卒5进1

图 37

16. 前炮退二 后炮进2

17. 后炮退二 车2进3

18. 马七退八 卒5进1

19. 车六进六 车8进3

20. 车六进一 马3进2

21. 车六平八 士6进5

22. 车一进一 车8平6

23. 兵七进一 象5进3

24. 后炮平四 象3退5

25. 车一平三 后炮平5!

26. 炮三平二? 车6进5! (图38)

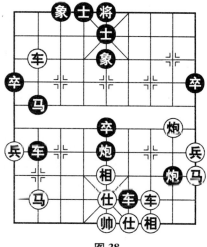

图38

第20局 汪洋胜陈卓

1. 兵七进一 卒7进1　　　2. 炮二平三 炮8平5

3. 马八进七 马8进7　　　4. 相七进五 马2进1

5. 马二进一 炮2平4　　　6. 车一进一 车1平2

7. 车九平八 车2进4　　　8. 车一平六 士6进5 (图39)

9. 仕六进五 车9平8　　　10. 炮八平九 车2平5

11. 炮三平四 卒1进1

12. 马一退三! 车5平6

13. 车六进五 车8进3

14. 炮九退一 炮5平6

15. 炮四进五 车6退2

16. 车八进七! 马7进6

17. 车六平七 象7进5

18. 炮九平七 将5平6

19. 兵七进一 炮4进6

20. 马三进一 炮4退1?

21. 车七进二! 马6进5

22. 车七平六 炮4平9

23. 马七进五 炮9进2

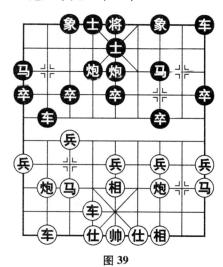

图39

24. 马五进六！将6进1　　　**25.** 马六进七　车8退3

26. 兵七平六　车6进4　　　**27.** 炮七进八（图40）

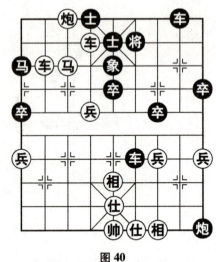

图 40

第 21 局　赵鑫鑫胜王晓华

1. 兵七进一　卒7进1　　　**2.** 炮二平三　象3进5

3. 马二进一　马8进7　　　**4.** 车一平二　车9平8

5. 炮八平五　炮8进4　　　**6.** 马八进七　车1进1

7. 车九平八　马2进4

8. 兵五进一　炮2平3（图41）

9. 车二进一　车1平3

10. 车二平六　炮8进1

11. 炮五平二　车8进7

12. 炮三平五　卒3进1

13. 马七进八　卒3进1

14. 马八进九　炮3平1

15. 车六进六　车3平1

16. 车八进三　士6进5

17. 车六退一　车8退2

18. 马九进七！车1平3

19. 马七退六　车8平5?

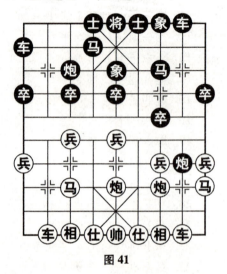

图 41

20. 车八平四！ 卒 5 进 1
21. 马一退三　车 5 平 4
22. 车四进五　马 4 进 5
23. 马三进四　车 4 平 5
24. 炮五退一　炮 1 进 2
25. 相三进五　车 5 平 8
26. 马六进八　车 3 进 3
27. 炮五平七！（图 42）

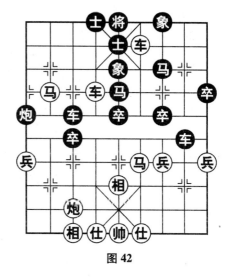

图 42

第 22 局　柳大华负言穆江

1. 兵七进一　卒 7 进 1	2. 炮二平三　炮 8 平 5
3. 炮八平五　马 8 进 7	4. 马八进七　马 2 进 1
5. 车九平八　车 1 平 2	6. 马二进一　车 9 平 8
7. 兵一进一　卒 1 进 1	8. 车一进一　士 6 进 5
9. 车一平四　车 8 进 4	10. 车八进六　炮 2 平 3（图 43）

11. 车八进三　马 1 退 2
12. 车四进三　象 7 进 9
13. 仕六进五　马 2 进 1
14. 炮五平四　马 1 进 2
15. 相七进五　车 8 退 1
16. 马一进二　卒 5 进 1！
17. 炮三平二　车 8 平 5
18. 炮二进一　马 2 进 3
19. 炮四平三　卒 5 进 1
20. 兵五进一　车 5 进 2
21. 车四平五　马 3 退 5
22. 马二进三　炮 5 进 1！
23. 马七进六？马 5 进 6

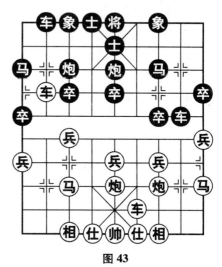

图 43

24. 帅五平六　炮 5 平 4!　　　25. 仕五进六　炮 3 平 4

26. 帅六进一　后炮进 3　　　　27. 帅六平五　后炮平 5（图 44）

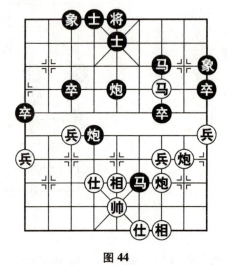

图 44

第 23 局　　赵国荣胜陈罗平

1. 兵七进一　卒 7 进 1　　　　2. 炮二平三　象 3 进 5

3. 马二进一　马 8 进 9　　　　4. 车一平二　车 9 平 8

5. 兵一进一　马 2 进 3　　　　6. 马八进七　炮 8 进 5

7. 相七进五　士 4 进 5

8. 炮八进二　车 8 进 6?（图 45）

9. 兵七进一!　卒 3 进 1

10. 炮八平二!　马 3 进 4

11. 炮二退二　马 4 进 6

12. 炮三退一　马 6 进 4

13. 仕六进五　卒 3 进 1

14. 炮二平三　车 8 进 3

15. 马一退二　卒 3 进 1

16. 车九平八　炮 2 平 1

17. 马七退九　炮 1 进 4

18. 兵三进一!　车 1 平 3

19. 兵三进一　士 5 退 4

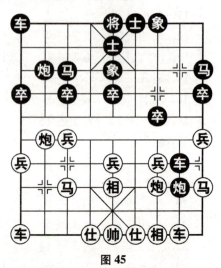

图 45

20. 车八进四　卒 1 进 1
21. 马二进一　车 3 进 3
22. 兵三平四　马 9 退 8
23. 马一进二　车 3 进 1
24. 兵四进一　象 7 进 9
25. 兵四平五　马 8 进 6
26. 前兵进一　马 6 进 5
27. 马二进三（图 46）

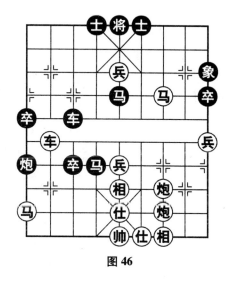

图 46

第 24 局　吕钦胜吴贵临

1. 兵七进一　卒 7 进 1	2. 炮二平三　炮 2 平 5
3. 相三进五　马 2 进 3	4. 兵三进一　车 1 平 2
5. 兵三进一　炮 5 进 4	6. 仕四进五　象 7 进 5

7. 马二进四　炮 5 平 8
8. 马四进五　象 5 进 7（图 47）
9. 车一平四　车 2 进 6
10. 马五进六　象 7 退 5
11. 马八进九　车 9 进 1
12. 车九平八　车 9 平 6？
13. 炮三进七！将 5 进 1
14. 车四平三　后炮平 7
15. 炮八平六　车 2 进 3
16. 马九退八　炮 8 退 2
17. 车三进六！炮 8 平 5
18. 车三平二　卒 3 进 1
19. 兵七进一　炮 5 平 3？
20. 马六进四！炮 7 平 6

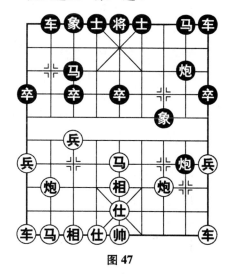

图 47

21. 车二进三　车 6 平 7
22. 马四退五　炮 3 平 5
23. 车二退二　炮 6 进 4

24. 炮三平一　炮6平5　　　　**25.** 车二退七　马3进2

26. 马八进七　象5退7　　　　**27.** 炮六进一　马2退4

28. 马五进七（图48）

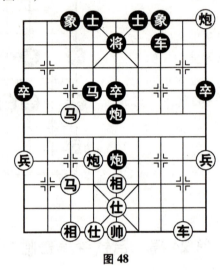

图 48

第 25 局　　何连生胜张晓平

1. 兵七进一　卒7进1　　　　**2.** 炮二平三　象7进5

3. 马二进一　马8进7　　　　**4.** 车一平二　车9平8

5. 炮八平五　马2进1

6. 马八进七　车1平2

7. 车九平八　炮8进4

8. 兵七进一！卒3进1（图49）

9. 兵三进一！卒3进1?

10. 兵三进一　卒3进1

11. 兵三进一　卒3进1

12. 兵三进一　卒3进1

13. 炮五进四　士6进5

14. 马一进三！炮2进6

15. 马三进五　车2进6

16. 仕六进五　车8进3

17. 马五进七！车2退5

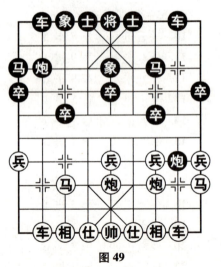

图 49

18. 炮三平七! 将5平6
19. 车二进二 象5进3
20. 炮七进七 将6进1
21. 车二平四 士5进6
22. 兵三平四 将6平5
23. 车四平三 车8退2
24. 炮七退八 车2进2
25. 炮七进三! 车2平5
26. 车八进一 车5平4
27. 车八进七 车4退2
28. 车八退二 车4进1
29. 炮七退二! (图50)

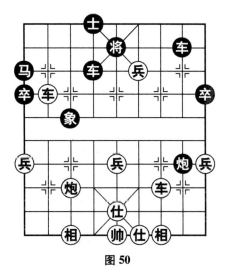

图 50

第 26 局　陶汉明负许银川

1. 兵七进一 卒7进1
2. 炮二平三 炮2平5
3. 兵三进一 马8进9
4. 兵三进一 马2进3 (图51)
5. 相三进五 车1平2
6. 马二进四 车9平8
7. 仕四进五 炮8平6
8. 兵九进一 士6进5
9. 马四进三 车2进6
10. 马三进四 卒5进1
11. 炮八平七 马3进5
12. 马四进五 象7进5
13. 兵三平四 车8进3
14. 兵四平五 马5进7
15. 炮三进二 车2平5
16. 兵五平四 马7退8
17. 马八进九 车8进1
18. 车九平八 车8平6
19. 车八进六 马8进9!
20. 车八平七 后马进7
21. 炮三平一 炮6进1
22. 车一平三 炮6平5
23. 兵七进一 马7进6!

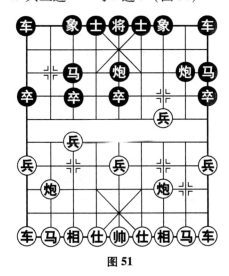

图 51

24. 车三平四　车6退2
25. 马九进八　车5平9
26. 车七平五?　马6退5
27. 车四进七　士5进6
28. 炮一进二　马9进8
29. 炮一平四　马5进3（图52）

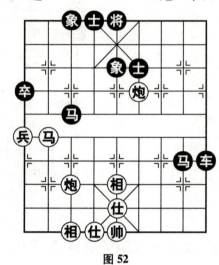

图 52

第 27 局　徐天红胜谢业枧

1. 兵七进一　卒7进1
2. 炮二平三　炮8平5
3. 炮八平五　马8进7
4. 马八进七　马2进1
5. 车九平八　车1平2
6. 马二进一　车9平8
7. 兵一进一　卒1进1
8. 车一进一　士6进5
9. 车一平四　象7进9
10. 车四进三　车8进4（图53）
11. 车八进六　炮2平3
12. 车八进三　马1退2
13. 仕六进五　马2进1
14. 马七进六　卒5进1
15. 马六退七　炮3平2
16. 车四平二　炮2进4
17. 炮五进三　车8进1

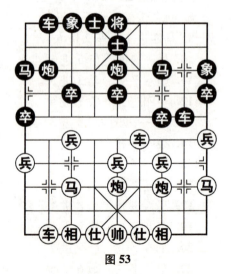

图 53

18. 马一进二　马1退3

19. 相七进五　马3进4

20. 兵三进一　卒7进1

21. 马二进三！马7退8

22. 马七进六　卒7进1

23. 炮三退一　马4退6

24. 炮五进一　卒7进1

25. 炮三平四　象9进7

26. 兵七进一　炮2平4

27. 马六进四！卒7平6

28. 仕五进四　将5平6

29. 仕四退五（图54）

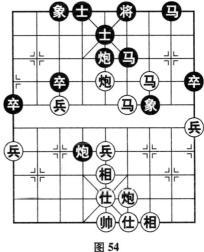

图 54

第28局　刘殿中胜葛维蒲

1. 兵七进一　卒7进1

2. 炮二平三　象7进5

3. 炮八平五　马8进7

4. 马八进七　炮2平4

5. 马二进一　马2进3

6. 车一平二　车9平8

7. 车九平八　车1进1

8. 车二进四　车1平6

9. 仕六进五　士6进5

10. 马七进八　炮8平9（图55）

11. 车二平五　马7进8

12. 炮五平七　马8进9

13. 炮三平六　卒7进1

14. 车五进二　卒7进1

15. 马八进七　马9退8

16. 马七进五！马8退7

17. 车五平三　炮9平5

18. 炮六平五！卒7平8

19. 炮五进五　象3进5

20. 炮七进五　卒8进1

21. 炮七平九　车6进1

22. 炮九进二　象5退3

23. 车八进九　象3进5

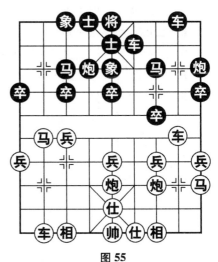

图 55

24. 车三平七！ 将 5 平 6 　　　　**25.** 炮九平六！ 车 8 进 6

26. 炮六退一　 士 5 退 4 　　　　**27.** 炮六平九　 象 5 退 3

28. 车七进三　 将 6 进 1 　　　　**29.** 车七平六（图 56）

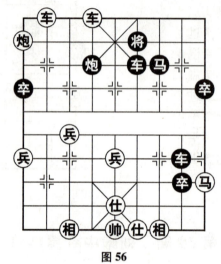

图 56

第 29 局　　汪洋胜陈翀

1. 兵七进一　 卒 7 进 1 　　　　**2.** 炮二平三　 炮 8 平 5

3. 马八进七　 马 8 进 7 　　　　**4.** 相七进五　 马 2 进 1

5. 仕六进五　 炮 2 平 4

6. 车九平六　 车 1 平 2？

7. 车六进七！车 2 进 7（图 57）

8. 车六退二　 象 7 进 9

9. 兵三进一　 卒 7 进 1

10. 马七退六　 车 2 退 1

11. 炮三进五　 车 9 平 7

12. 炮三平九　 象 3 进 1

13. 马二进一　 炮 5 进 4

14. 车一平二　 炮 5 平 1

15. 马六进七　 车 2 进 1

16. 帅五平六！士 6 进 5

17. 马七进五　 车 2 进 2

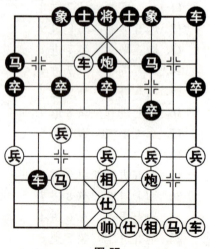

图 57

18. 帅六进一　卒 7 平 6
19. 车二进六　炮 1 平 9
20. 车六退一　卒 5 进 1
21. 车二平五　车 2 退 9
22. 车五退一　车 7 进 2
23. 马五进四　车 7 平 6
24. 马四进二　车 6 进 1
25. 车五进一! 车 6 退 2
26. 车六进三　将 5 平 6
27. 车六平二　车 2 进 8
28. 帅六退一　车 2 进 1
29. 帅六进一　炮 9 平 8
30. 车二平一　(图 58)

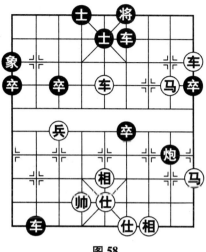

图 58

第 30 局　郝继超负靳玉砚

1. 兵七进一　卒 7 进 1	2. 炮二平三　炮 8 平 5
3. 马八进七　马 8 进 7	4. 相七进五　马 2 进 1
5. 仕六进五　炮 2 平 4	6. 车九平六　士 6 进 5 (图 59)

7. 马七进八　马 7 进 6
8. 马二进一　车 9 平 8
9. 车一平二　车 8 进 9
10. 马一退二　炮 5 进 4
11. 兵三进一　卒 7 进 1
12. 车六进五　炮 5 退 2
13. 炮三进七　象 3 进 5
14. 炮三平一　车 1 平 3
15. 车六退一　卒 3 进 1
16. 炮八平七　马 6 进 5
17. 车六平五　马 5 进 3!
18. 马八退七　卒 3 进 1
19. 车五平三　卒 3 平 4
20. 车三进五　士 5 退 6

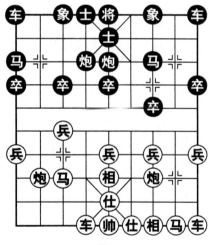

图 59

22. 车三进三　士 5 退 6
21. 车三退三　士 6 进 5
23. 车三退三　士 6 进 5

24. 车三平五　炮 5 进 1　　　**25.** 马七进五　马 1 进 3

26. 车五平六　马 3 进 2!　　　**27.** 车六退二　马 2 进 1

28. 马二进三　马 1 进 3　　　**29.** 车六退三　炮 4 进 4!

30. 马三进四　炮 5 平 4（图 60）

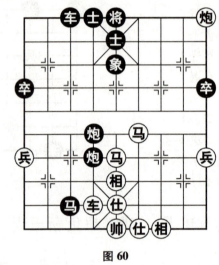

图 60

第 31 局　刘忆慈胜何顺安

1. 兵七进一　卒 7 进 1　　　**2.** 炮二平三　象 3 进 5

3. 炮八平五　马 8 进 7

4. 马二进一　马 2 进 4

5. 车一进一　卒 3 进 1

6. 车一平六　车 9 进 1（图 61）

7. 兵七进一　车 1 平 3

8. 车九进二　马 7 进 6

9. 车九平六　炮 2 平 4

10. 炮五进四　士 6 进 5

11. 前车进五　炮 8 平 4

12. 车六进六　车 3 进 1?

13. 炮五退二　车 9 平 6

14. 炮三平七!　车 3 平 2

15. 兵七平八!　车 2 退 1

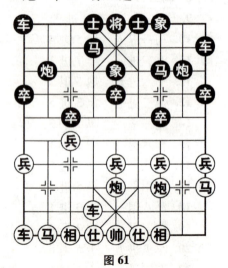

图 61

16. 车六进一　　车 6 进 2

17. 相七进五　　车 6 平 5

18. 马八进六　　车 5 平 4

19. 车六退二　　马 6 退 4

20. 马六进七　　车 2 进 2

21. 兵一进一　　将 5 平 6

22. 炮五平八　　车 2 平 4

23. 炮八平四　　将 6 平 5

24. 马七进六　　车 4 平 3

25. 炮四平七　　车 3 平 1

26. 马一进二　　马 4 进 2

27. 前炮平五　　将 5 平 6

28. 马二进一　　象 5 进 3

29. 马一进二　　将 6 进 1

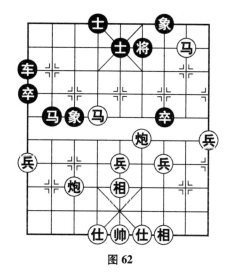

图 62

30. 炮五平四！（图 62）

第 32 局　胡荣华胜高明海

1. 兵七进一　　卒 7 进 1

2. 炮二平三　　炮 8 平 5

3. 炮八平五　　马 8 进 7

4. 马八进七　　马 2 进 1

5. 车九平八　　车 1 平 2

6. 马二进一　　车 9 平 8

7. 兵一进一　　士 6 进 5

8. 车一进一　　马 7 进 6（图 63）

9. 炮五进四！车 8 进 7

10. 炮三平五　　炮 2 进 5

11. 车一平四　　炮 2 平 5

12. 相七进五　　车 2 进 9

13. 马七退八　　马 6 进 7

14. 车四进五　　卒 1 进 1

15. 仕四进五　　马 7 进 8

16. 炮五平一！马 1 进 2

17. 车四退二　　炮 5 平 9

18. 炮一平五！象 7 进 5

19. 马一进二　　炮 9 平 8

20. 兵一进一　　车 8 退 1

21. 马八进六　　马 2 进 1

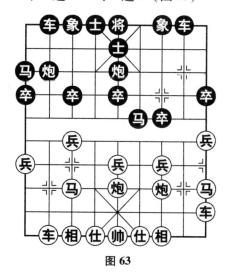

图 63

22. 马二进四　炮8平6
23. 马四进六　马1退2
24. 兵七进一　车8退3
25. 车四进三　马2退1
26. 炮五退二　车8平4
27. 车四平二！马8退6
28. 仕五进四　将5平6
29. 马六退四　卒3进1
30. 车二进二　将6进1
31. 马四进三（图64）

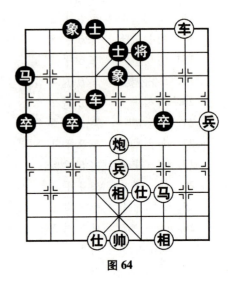

图64

第33局　李来群胜罗忠才

1. 兵七进一　卒7进1
2. 炮二平三　炮8平5
3. 炮八平五　马8进7
4. 马八进七　马2进1
5. 马二进一　车9平8
6. 兵一进一　车1平2
7. 车九平八　卒1进1
8. 车一进一　士6进5
9. 车一平四　车8进4
10. 车八进六　炮2平3
11. 车八进三　马1退2
12. 车四进三　象7进9
13. 仕六进五　马2进1
14. 马七进六　炮5进4（图65）
15. 马六进五！马7进5
16. 车四平五　马5进6
17. 车五平四　炮5退4
18. 马一进二　车8退1
19. 炮三进三　炮3平2
20. 马二进四　车8平6
21. 炮三平九　炮2进3
22. 兵七进一　炮2进4
23. 相七进九　卒3进1

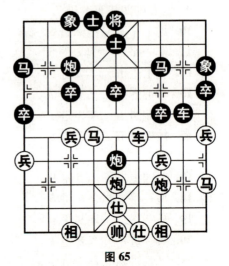

图65

24. 车四平二！　象9退7

25. 车二进五　车6平7

26. 炮九进一！　车7进1

27. 马四进六　将5平6

28. 炮九平一　炮5进1

29. 炮一进三　将6进1

30. 车二退一　将6进1

31. 车二退二（图66）

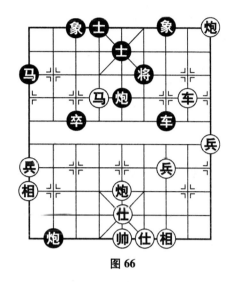

图 66

第34局　　王嘉良胜苏文生

1. 兵七进一　卒7进1

2. 炮二平三　炮2平5

3. 炮八平五　马2进3

4. 马八进七　车1平2

5. 马二进一　马8进7

6. 车一平二　炮8平9

7. 兵三进一　车2进4

8. 车九平八　车2进5？（图67）

9. 马七退八　马7进6

10. 兵三进一　马6进5

11. 炮三退一　马5退3

12. 仕四进五　士6进5

13. 马八进七　前马退4

14. 马一进三　炮9平7

15. 马三进四！　炮7进6

16. 马四进六　炮5进5

17. 相三进五　车9进2

18. 车二进六　卒3进1

19. 马七进五　象3进5

20. 车二退五　炮7退2

21. 马五进四　炮7平4

22. 车二进二　炮4退2

23. 马六进七　将5平6

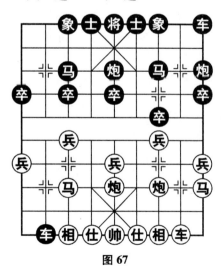

图 67

24. 兵三进一！ 炮4退2
25. 车二平四！ 士5进6
26. 马四进三　将6进1
27. 车四平二！ 炮4退1
28. 车二平六　炮4进3
29. 马七退五　将6平5
30. 马五退七　炮4退3
31. 车六进四（图68）

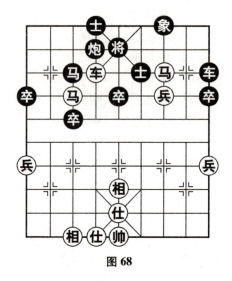

图68

第35局　汪洋胜于幼华

1. 兵七进一　卒7进1
2. 炮二平三　炮8平5
3. 马八进七　马8进7
4. 相七进五　马7进6
5. 仕六进五　车9平8
6. 马二进一　马2进3
7. 车一进一　马6进5
8. 马七进五　炮5进4（图69）
9. 车一平四　象3进5
10. 车九平六　车8进5
11. 兵三进一　车8平7?
12. 车四进七　士6进5
13. 兵一进一　炮2退1
14. 车四退五　炮5退2
15. 炮三平二！ 士5退6
16. 车六进八　炮2退1
17. 炮二进七　士4进5
18. 炮八进五　士5进4
19. 车四平五　车7平4
20. 炮八退三　车4退1
21. 兵七进一　车4平3
22. 车六退一　车1进2
23. 炮八进二！ 炮2进1

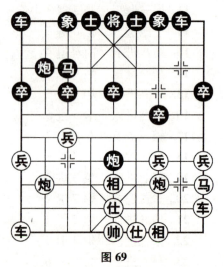

图69

24. 炮八平五　炮 2 平 5
25. 炮五进二　将 5 进 1
26. 马一进二　马 3 退 2
27. 车六退一　车 1 平 2
28. 马二进三　车 2 进 2
29. 仕五退六　马 2 进 4
30. 炮二退一　车 2 进 2
31. 马三进一（图 70）

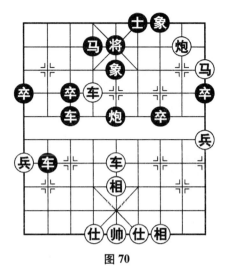

图 70

第 36 局　赵国荣胜吴贵临

1. 兵七进一　卒 7 进 1
2. 炮二平三　炮 2 平 5
3. 兵三进一　马 2 进 3
4. 兵三进一　马 8 进 9
5. 相二进五　炮 5 进 4
6. 仕四进五　车 1 平 2
7. 马八进七　炮 5 退 1
8. 马七进五　车 2 进 4（图 71）
9. 马五进三　炮 8 平 7
10. 马三退四　炮 7 进 5
11. 马二进三　炮 5 平 4
12. 炮八平七　车 2 平 7
13. 马四进五　车 7 平 5
14. 马五退四　车 9 平 8
15. 车九平八　车 8 进 6
16. 车八进七　车 8 平 3
17. 炮七平六　马 3 退 5
18. 车八平四！车 5 平 7
19. 车一平四　车 7 退 2？
20. 马四进三　车 7 平 6
21. 车四进七　马 9 退 7
22. 后马进五　炮 4 平 5
23. 炮六进三！马 5 进 6

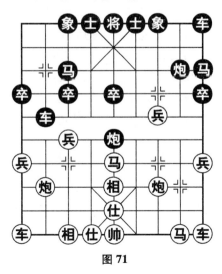

图 71

24. 炮六平四　士4进5
25. 车四平三！马7进9
26. 炮四退二　马6进8
27. 车三退二　车3进2
28. 车三平二　车3平4
29. 炮四退二　车4退2
30. 车二进一　卒5进1
31. 车二退一（图72）

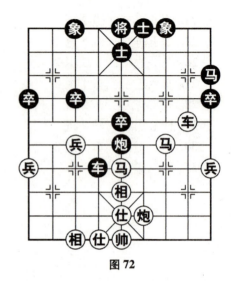

图 72

第 37 局　李群胜卜凤波

1. 兵七进一　卒7进1	2. 炮二平三　炮8平5
3. 炮八平五　炮5进4	4. 仕六进五　象3进5
5. 马八进七　炮5退2	6. 马二进一　马8进7
7. 车一平二　车9平8	8. 车二进九　马7退8（图73）
9. 兵一进一　马8进7	10. 马一进二　马2进4

11. 相七进九　士4进5
12. 车九平六　炮2平4？
13. 马二进三　车1平2
14. 车六进五　炮5进1
15. 车六退一　炮5退1
16. 兵三进一！卒7进1
17. 车六平三　马7退9
18. 马三进四！车2进6
19. 车三进四　马4进2
20. 车三平一　车2平7
21. 炮三进七　车7退6
22. 车一退二　车7进7
23. 车一平五　炮5平7

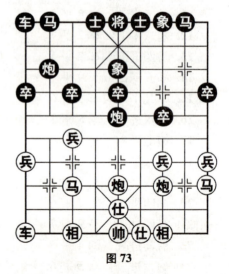

图 73

24. 仕五进四　炮7进5
25. 仕四进五　车7退6
26. 炮五进五　将5平4
27. 炮五平八　车7平6
28. 马七进六　炮4平8
29. 车五平六　将4平5
30. 炮八平五　士5进4
31. 车六平二（图74）

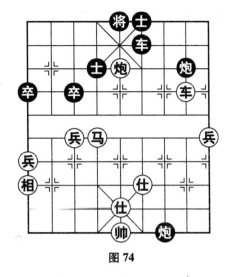

图74

第38局　陶汉明胜苗利明

1. 兵七进一　卒7进1
2. 炮二平三　象3进5
3. 马二进一　马8进7
4. 车一平二　车9平8
5. 车二进六　马2进4
6. 相七进五　炮8平9
7. 车二进三　马7退8
8. 马八进七　车1平3
9. 仕六进五　士4进5?
10. 兵三进一　卒7进1
11. 相五进三　卒3进1（图75）
12. 车九平六　炮9退1
13. 马七进六! 马8进7
14. 炮八平七　卒9进1
15. 相三退五　炮2平3
16. 马一进三　马7进9
17. 马六进四　马9进7
18. 炮三进三　象5进7
19. 炮七进三! 炮3进3
20. 炮七平三　炮3进1
21. 马三进五　马4进2
22. 马五退七　车3进6
23. 马四进三　象7进5

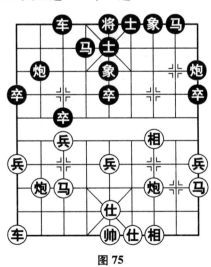

图75

24. 马三进一! 象5进7
25. 马一退二 士5退4
26. 马二进四 将5进1
27. 车六进九 车3退4
28. 车六退一 将5进1
29. 车六平三 车3进2
30. 马四进二 马2退3
31. 车三退二（图76）

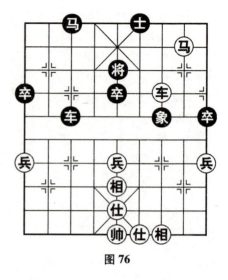

图76

第39局 胡荣华胜陈志文

1. 兵七进一　卒7进1	2. 炮二平三　象3进5
3. 马二进一　马8进7	4. 车一平二　车9平8
5. 马八进七　马2进4	6. 相七进五　卒3进1
7. 兵七进一　车1平3	8. 仕六进五　车3进4
9. 车九平六　马4进6（图77）	10. 马七进六　车3平4

11. 车二进四　马7进6
12. 马六进四　车4平6
13. 车六进六　车8进1
14. 兵一进一　卒5进1
15. 车二平六　士6进5
16. 马一进二! 卒7进1
17. 后车平三　车6进2?
18. 车三平八! 炮2进5
19. 马二退四　炮2平7
20. 车八平二　炮8平9
21. 车二进四　马6退8
22. 马四进五　炮9进3
23. 车六平九　炮9进1

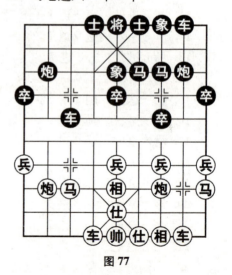

图77

24. 车九平二　马8进6
25. 马五进四　士5进6
26. 车二退三　炮9退2
27. 兵五进一　炮9平3
28. 兵五进一　卒9进1
29. 兵五进一　士6退5
30. 兵三进一　卒9进1
31. 兵三进一　（图78）

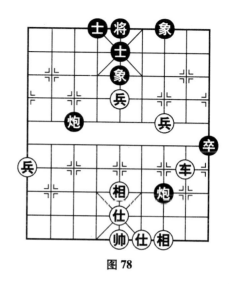

图 78

第 40 局　孙浩宇负潘振波

1. 兵七进一　卒7进1
2. 炮二平三　炮8平5
3. 兵三进一　炮5进4
4. 马八进七　炮5退2
5. 兵三进一　马8进7!（图79）
6. 马七进六　炮2进4
7. 马六退四　炮5进2
8. 炮三进五　炮2平6
9. 车九平八　车1进2
10. 炮八进五　炮5退1!
11. 帅五进一　炮6平5
12. 帅五平六　车1退1
13. 炮八平六　车1平4
14. 炮六退五　车9平8
15. 马二进一　车8进8
16. 马一退三　车4进5
17. 车一进二　后炮平4
18. 车八进九　象3进5

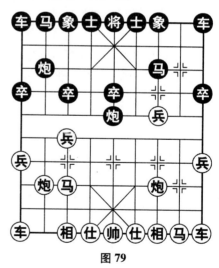

图 79

19. 帅六平五　炮4平7!
20. 炮三退三　车8平7
21. 帅五退一　车7退3
22. 车一平四　炮5退1
23. 车八退八　车7退1

39

24. 炮六平八　士 4 进 5
25. 车四退一　车 7 平 2！
26. 车四进三　卒 5 进 1
27. 帅五进一　车 4 平 9
28. 车八退一　车 9 进 2
29. 帅五进一　车 2 进 2
30. 帅五平四　车 9 退 2
31. 帅四退一　车 9 平 6
32. 车四退一　车 2 平 6（图 80）

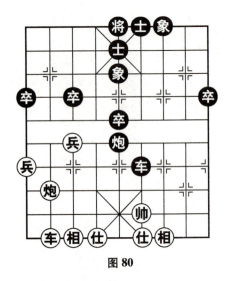

图 80

第 41 局　赵国荣胜赵庆阁

1. 兵七进一　卒 7 进 1
2. 炮二平三　象 7 进 5
3. 马二进一　马 8 进 7
4. 车一平二　车 9 平 8
5. 车二进六　炮 8 平 9
6. 车二进三　马 7 退 8
7. 炮八平五　马 2 进 3
8. 车九进一　车 1 进 1
9. 马八进七　车 1 平 8
10. 兵一进一　士 6 进 5（图 81）
11. 车九平六　炮 2 进 2
12. 车六进三　车 8 进 7
13. 仕六进五　马 8 进 7
14. 马一进二　卒 9 进 1
15. 兵一进一　炮 2 平 9
16. 炮五平六　车 8 退 2
17. 相七进五　前炮进 5
18. 车六平四　后炮进 6
19. 马七进六　卒 5 进 1
20. 马二进三　车 8 进 3
21. 帅五平六　车 8 退 1
22. 马六进四！马 7 进 5
23. 马四进五！象 3 进 5

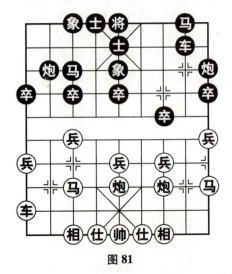

图 81

24. 马三进五　　士 5 进 6

25. 马五进七　　将 5 进 1

26. 炮六平八！　车 8 平 5？

27. 车四平二！　车 5 平 2

28. 车二进四　　马 5 退 6

29. 炮三平四　　马 3 进 5

30. 车二退二　　马 5 退 3

31. 车二平六　　后炮平 4

32. 炮四退一（图 82）

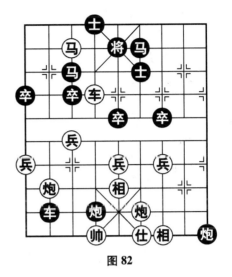

图 82

第 42 局　　洪智胜黎德志

1. 兵七进一　　卒 7 进 1	2. 炮二平三　　象 7 进 5
3. 马二进一　　马 8 进 7	4. 车一平二　　车 9 平 8
5. 马八进七　　马 2 进 1	6. 相七进五　　车 1 进 1
7. 炮八平九　　车 1 平 3	8. 车九平八　　炮 2 平 3（图 83）
9. 车二进六　　卒 3 进 1	10. 兵七进一　　炮 3 进 5

11. 炮三平七　　车 3 进 3

12. 炮七进二　　炮 8 平 9

13. 车二平三　　炮 9 进 4

14. 兵五进一　　车 8 平 7

15. 兵九进一　　卒 5 进 1

16. 车三平六！　车 3 退 1

17. 车六退一　　车 7 进 1

18. 兵五进一　　炮 9 退 2

19. 仕六进五　　卒 7 进 1

20. 车六退一　　马 7 进 8

21. 炮九平七　　车 3 平 6

22. 车八进七　　炮 9 进 1

23. 车六退二　　炮 9 平 3

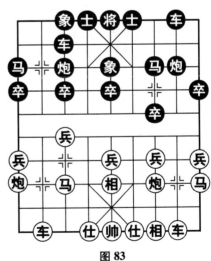

图 83

24. 相五进七　马8进7?
25. 马一进三　卒7进1
26. 帅五平六!　士4进5
27. 车六进六　车7进2
28. 兵五平六!　车6平2
29. 车八平五　马1进3
30. 车五平七　象3进1
31. 炮七平五　士5进4
32. 车六退一　马3进4
33. 兵六平五（图84）

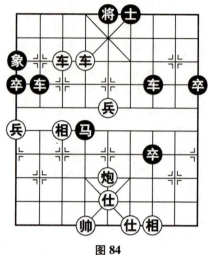

图84

第43局　陶汉明胜金波

1. 兵七进一　卒7进1
2. 炮二平三　炮8平5
3. 炮八平五　马8进7
4. 马八进七　马2进1
5. 车九平八　车1平2
6. 马二进一　车9平8
7. 兵一进一　士6进5
8. 车一平二　车8进9
9. 马一退二　象7进9
10. 马二进一　卒1进1（图85）
11. 马一进二　炮2进4
12. 兵三进一　马7进6
13. 马二进三　卒7进1
14. 马三进一!　炮5平8
15. 马一进二　炮2平3
16. 炮五进四　象3进5
17. 炮三平一!　车2进9
18. 马七退八　将5平6
19. 炮一进四　炮8退1
20. 炮一进三　象5退7
21. 炮一平三　马6退7
22. 炮五平二　卒7平6
23. 炮三退一　马1进2

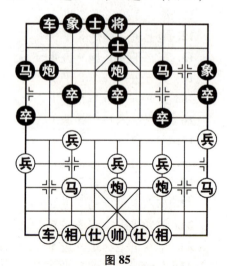

图85

24. 炮二进一　　将6平5

25. 兵一进一　　士5进6

26. 兵一进一　　马7进8

27. 兵一平二!　马8退6

28. 兵二平三　　马6进4

29. 炮二平一　　马4进5

30. 兵三进一　　炮8进2

31. 兵三平四　　炮8平5

32. 相七进五　　马5退7

33. 仕六进五（图86）

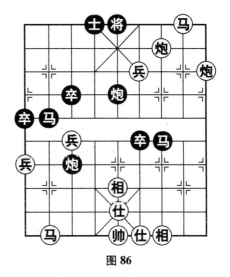

图86

第44局　蒋川负景学义

1. 兵七进一　　卒7进1　　　　　　**2.** 炮二平三　　象7进5

3. 马二进一　　马8进7　　　　　　**4.** 车一平二　　车9平8

5. 车二进六　　炮8平9　　　　　　**6.** 车二进三　　马7退8

7. 炮八平五　　车1进1　　　　　　**8.** 炮五进四　　士4进5（图87）

9. 相七进五　　卒3进1　　　　　　**10.** 兵七进一　　车1平3

11. 兵七平六　　马8进7

12. 炮五退二　　马2进3

13. 兵六平五　　马3进2

14. 马八进六　　炮9进4

15. 兵三进一　　卒7进1

16. 相五进三　　马2进4

17. 相三退五　　马4进2

18. 仕六进五　　车3进3

19. 前兵平四　　将5平4

20. 兵四进一　　马7进8

21. 炮五平二　　马8退6

22. 马一进三?　炮9平5!

23. 炮二进五　　将4进1

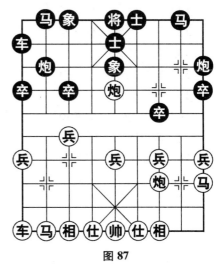

图87

24. 炮三退一　马2进3
25. 车九平八　炮2进4!
26. 马三退四　炮5退3
27. 马四进五　马6进5
28. 马五进三　马3退1
29. 车八平九　炮2进3!
30. 马三进五　车3平5
31. 车九进二　车5平3
32. 炮三平四　车3进5
33. 仕五退六　车3退2（图88）

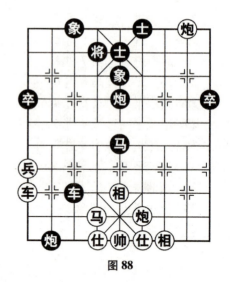

图88

第45局　徐天红胜洪智

1. 兵七进一　卒7进1
2. 炮二平三　象7进5
3. 马二进一　马8进7
4. 车一平二　车9平8
5. 马八进七　炮8进4
6. 车九进一　炮2平3
7. 相三进五　马2进1
8. 车九平四　车1平2
9. 炮八平九　车2进4（图89）
10. 兵三进一　卒7进1
11. 相五进三　卒1进1
12. 马七进六　车2平4
13. 炮三进五　炮3平7
14. 车四进三　士4进5
15. 炮九平六　车4平8
16. 马六进五　炮7退1
17. 车四进四　前车平5
18. 马五进三!　车5进2
19. 仕四进五　车8平7?
20. 马三进一!　炮8退5
21. 车二进八　炮7平9
22. 车二平一　车7进5
23. 车一平三!　车7退4

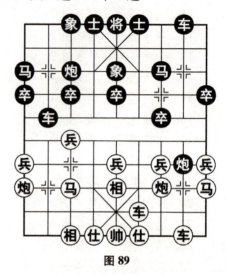

图89

24. 车四平三　车5平9
25. 马一进三　马1进2
26. 车三退二　马2进1
27. 相七进九　车9进3
28. 仕五退四　车9平7
29. 炮六平二　士5进4
30. 炮二平五　将5平4
31. 车三平六　将4进1
32. 马三进四　车7退2
33. 马四退六　（图90）

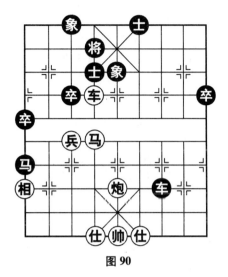

图 90

第 46 局　孙浩宇胜崔岩

1. 兵七进一　卒7进1
2. 炮二平三　象7进5
3. 马二进一　马8进7
4. 车一平二　车9平8
5. 车二进六　炮8平9
6. 车二进三　马7退8
7. 马八进七　马2进1
8. 车九进一　马8进7
9. 车九平二　炮2平4
10. 炮八退一　车1进1　（图91）

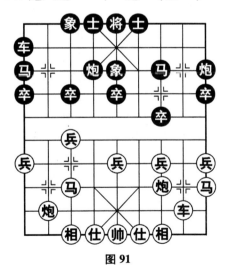

11. 炮八平三　车1平6
12. 仕六进五　马7进6
13. 前炮平四　马6退7
14. 相七进五　炮9进4
15. 车二进六　车6平2
16. 兵三进一　车2进3
17. 车二退四　炮9退2
18. 炮四平三！马7进6
19. 兵三进一　马6进4
20. 马七进六　车2进5
21. 仕五退六　车2平4
22. 帅五进一　车4退4
23. 车二进三　炮9进2

图 91

24. 车二平五　车4平8
25. 兵三平四　车8进1
26. 兵九进一　炮4进3
27. 前炮进六　炮4平9
28. 后炮进三　后炮进2
29. 相三进一　士6进5
30. 帅五平六　炮9平5
31. 前炮平一　卒9进1？
32. 炮一进一　炮5平2
33. 车五平三！（图92）

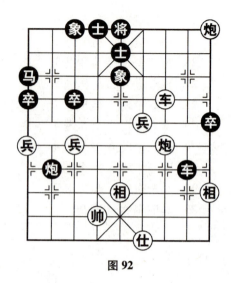

图 92

第47局　李来群胜蒋志梁

1. 兵七进一　卒7进1
2. 炮二平三　炮2平5
3. 马八进七　马8进7
4. 兵三进一　马7进6
5. 兵三进一　马6进5
6. 相三进五　马5退3
7. 车九平八　马2进3
8. 炮八平九　车1进1（图93）
9. 仕四进五　前马退5
10. 车八进三　车1平6
11. 马二进一　车6进5
12. 车八平四　马5进6
13. 兵三平二！车9进1
14. 车一平四　马6退8
15. 马一退二　车9平7
16. 炮三平二　卒5进1
17. 车四进七　炮8平9
18. 马七进八　马3进5？
19. 车四退一　马5进3
20. 车四平七　马3进2
21. 车七退三！炮5进5
22. 相七进五　炮9平5
23. 车七平八　炮5进5

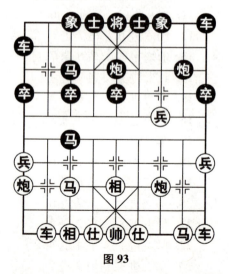

图 93

24. 仕五退四　车7进4
25. 炮九进四　车7进4
26. 车八平五　炮5平2
27. 车五进二　象7进5
28. 炮九平五　士4进5
29. 车五平七　象3进1
30. 车七退三　炮2进2
31. 仕六进五　车7平8
32. 马八进七！炮2平6
33. 仕五退四　马8进6
34. 马七进八（图94）

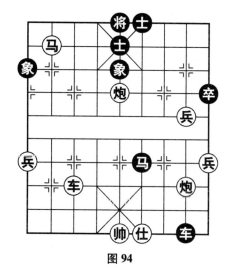

图 94

第48局　韩福德胜刘凤春

1. 兵七进一　卒7进1	2. 炮二平三　象7进5
3. 炮八平五　马2进3	4. 马八进七　马8进7
5. 兵三进一　马7进8	6. 车九平八　车1平2
7. 兵三进一　象5进7	8. 车八进五　象3进5（图95）
9. 车八平四　炮2退1	10. 车四进三　士4进5

11. 车四退二　炮8退1
12. 兵五进一　车9进2
13. 马二进一　车9平6
14. 车四平二　马8进9
15. 车二退三　炮8平9
16. 车一进一　卒9进1
17. 车一平八　炮2进3
18. 炮三退一　卒9进1
19. 车八进二　卒3进1？
20. 兵七进一　象5进3
21. 车八平七！象3退1
22. 兵五进一　卒5进1
23. 车七进三　炮2退3

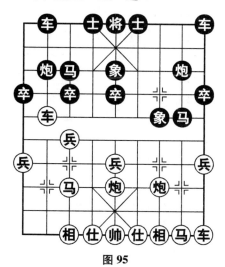

图 95

24. 炮三平二！　炮9平7
25. 车二平七　　马3退4
26. 炮二进八　　炮7退1
27. 前车平三　　象7退9
28. 车三平五　　马4进3
29. 车七进四！　车6平3
30. 车五进二　　将5平4
31. 马七进六　　马9退7
32. 炮五平六　　车3平4
33. 仕四进五　　炮2进5
34. 车五平四　　车2进2
35. 车四进一（图96）

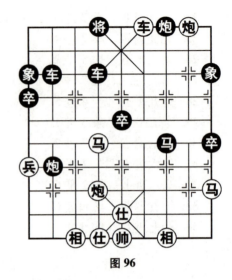

图 96

第 49 局　　朱永康胜金启昌

1. 兵七进一　　卒7进1
2. 炮二平三　　象3进5
3. 马二进一　　炮8进4
4. 马八进七　　马8进7
5. 车一平二　　车9平8
6. 相七进五　　马7进6
7. 仕六进五　　车8进2
8. 车九平六　　士4进5
9. 兵五进一　　马2进1
10. 车六进五　　炮8退2（图97）

11. 车六退二　　车1平4
12. 车六进六　　将5平4
13. 车二进四　　卒7进1
14. 车二平三　　炮8进4
15. 兵一进一　　车8进5？
16. 兵五进一！　卒5进1
17. 马七进五　　炮2进3
18. 兵七进一！　炮2平5
19. 车三平四　　车8退3
20. 兵七平六　　马6退8
21. 兵六平五　　车8平5
22. 马五进七　　车5退1
23. 车四平二　　炮8平9

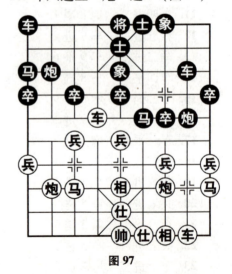

图 97

24. 马七退六　炮 5 进 1
25. 炮八进四！卒 3 进 1
26. 炮八平二　车 5 平 2
27. 马六退七　车 2 平 4
28. 马七进六　车 4 平 2
29. 马六退七　车 2 平 4
30. 马七进六　炮 9 进 1
31. 马一退三　炮 9 退 3
32. 炮二进二　车 4 平 2
33. 车二平六　将 4 平 5
34. 马六退七　车 2 平 6
35. 车六平五　车 6 进 5
36. 车五进三！（图 98）

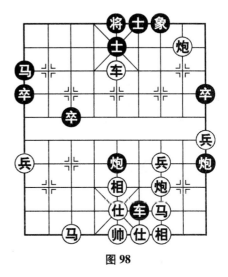

图 98

第 50 局　蒋志梁负言穆江

1. 兵七进一　卒 7 进 1
2. 炮二平三　炮 8 平 5
3. 兵三进一　炮 5 进 4
4. 兵三进一　炮 2 进 2
5. 帅五进一　象 7 进 5
6. 马八进七　炮 5 退 2（图 99）
7. 马二进一　炮 2 平 7
8. 车一平二　车 1 进 1
9. 车九平八　车 1 平 6
10. 炮八平九　马 2 进 3
11. 车八进七　车 6 进 4！
12. 车八平七　马 8 进 6
13. 炮九进四　士 6 进 5
14. 帅五平六　车 6 平 3
15. 相三进五　车 3 进 1
16. 仕六进五　炮 5 平 3
17. 车七平八　车 3 平 4
18. 仕五进六　炮 7 平 4
19. 马七进八　车 4 平 2
20. 仕六退五　车 9 平 7
21. 炮三进二　车 2 平 4
22. 仕五进六　炮 3 进 1！
23. 车二进五　炮 4 进 3

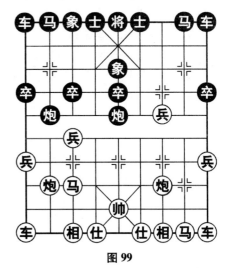

图 99

24. 帅六平五	炮3平5
25. 帅五平六	炮5平3
26. 帅六平五	炮4平9
27. 炮三平五	车7进8
28. 帅五退一	炮9进2
29. 车二退五	车7进4!
30. 马八退七	炮3进4
31. 相五进三	前车进1
32. 帅五进一	后车进2
33. 帅五进一	后车退1
34. 帅五退一	前车退1
35. 帅五退一	后车平3
36. 炮五进三	象3进5（图100）

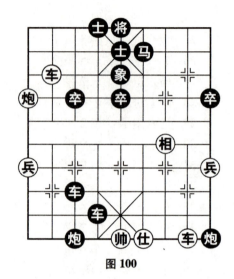

图 100

第 51 局　汪洋胜许银川

1. 兵七进一	卒7进1	2. 炮二平三	炮8平5
3. 马八进七	马8进7	4. 相七进五	车9平8
5. 炮三进三	象7进9	6. 炮三退一	车8进4
7. 马二进三	卒3进1	8. 兵七进一	车8平3
9. 马七进六	炮2平4	10. 车九平七	车3进5

11. 相五退七	车1进1
12. 车一进一	车1平3（图101）
13. 炮八平七	车3进5
14. 车一平八	马2进3
15. 车八进五	马3进4
16. 车八平六	士4进5
17. 车六退一	炮4进3
18. 炮七平八	炮4平2
19. 相三进五	炮2进1
20. 仕四进五	炮5进4?
21. 炮三平一!	炮5退2
22. 炮一进三	士5退4
23. 兵三进一	士6进5

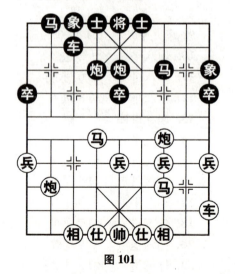

图 101

24. 兵三进一 车 3 平 7
25. 车六平八 象 3 进 5
26. 兵三进一 马 7 退 8
27. 炮一进一 马 8 进 6
28. 兵三平四 炮 5 平 3
29. 车八进二 炮 3 平 5
30. 车八退二 炮 5 平 3
31. 车八退一 卒 5 进 1
32. 车八平二 炮 3 退 2
33. 车一进四 马 6 进 8
34. 兵四进一! 马 8 进 7
35. 车二进一 士 5 退 6
36. 兵四进一 (图 102)

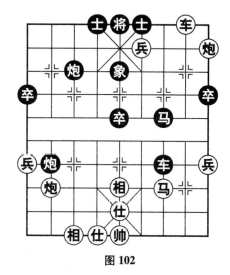

图 102

第 52 局　郑一泓胜曹岩磊

1. 兵七进一　卒 7 进 1
2. 炮二平三　炮 8 平 5
3. 炮八平五　马 8 进 7
4. 马八进七　马 2 进 1
5. 马二进一　车 9 平 8
6. 车九平八　车 1 平 2
7. 兵一进一　士 6 进 5
8. 车一进一　马 7 进 6
9. 炮五进四　车 8 进 7
10. 炮三平五　炮 2 进 5
11. 车八进一 (图 103) 炮 2 平 5
12. 相七进五　车 8 退 4
13. 炮五退二　车 8 平 5
14. 车八进八　马 1 退 2
15. 车一平八　马 2 进 1
16. 炮五平四　卒 1 进 1
17. 车八平六　车 5 进 1
18. 马一进二　马 1 进 2
19. 仕六进五　马 6 退 7
20. 炮四退二　马 2 进 3?
21. 车六进二!　马 3 进 1
22. 相五退七!　马 1 进 3
23. 车六退二　卒 7 进 1

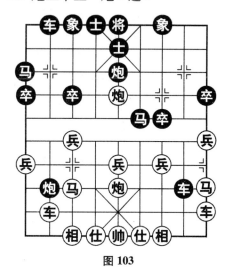

图 103

24. 马二进三　车5平4
25. 车六平七　卒7进1
26. 马三进五　象7进5
27. 兵五进一　马7进5
28. 车七平八　车4进2
29. 马七进八　马5进7
30. 马八进七　马7进5
31. 炮四进二　车4平6
32. 炮四平三　车6退3
33. 马七退九　车6平7
34. 相三进五　卒7平6
35. 炮三退四　车7平1
36. 兵九进一（图104）

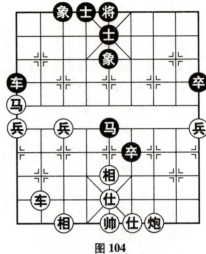

图 104

第53局　徐天红负林宏敏

1. 兵七进一　卒7进1
2. 炮二平三　象7进5
3. 马二进一　马8进7
4. 车一平二　车9平8
5. 炮八平五　炮8进4
6. 马八进七　马2进1
7. 车九进一　车1进1
8. 车九平四　车1平8（图105）
9. 车四进三　前车进4
10. 车四平二　车8进5
11. 兵一进一　车8退1
12. 车二进一　士4进5
13. 车二平八　炮2平4
14. 车八进六　炮8平9
15. 仕六进五　车8进1
16. 相七进九　车8平6
17. 马七进八　炮9平5
18. 马八进七　炮4进4!
19. 炮三平二　炮4平3
20. 马七进八　车6退1
21. 炮二进六　卒1进1
22. 兵七进一　车6平3
23. 车八平九　车3平2!

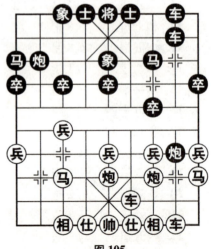

图 105

24. 帅五平六　炮 3 平 2

25. 马八退六　士 5 进 4

26. 车九平六　士 6 进 5

27. 车六退四　炮 5 退 1

28. 马一进二　卒 7 进 1

29. 马二进三　炮 2 平 7

30. 马三进一　马 7 进 6

31. 车六进五？　车 2 进 5

32. 帅六进一　炮 5 平 4

33. 马一进三　将 5 平 6

34. 炮五平四　马 6 进 5！

35. 相三进五　车 2 退 1

36. 帅六进一　车 2 退 1

37. 帅六退一　车 2 平 5（图 106）

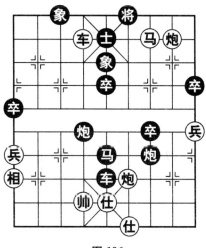

图 106

第 54 局　李来群胜赵国荣

1. 兵七进一　卒 7 进 1　　**2.** 炮二平三　象 7 进 5

3. 马二进一　马 8 进 7　　**4.** 车一平二　车 9 平 8

5. 炮八平五　车 1 进 1　　**6.** 马八进七　马 2 进 1

7. 车九平八　炮 2 平 4　　**8.** 兵三进一　卒 7 进 1

9. 炮三进五　炮 4 平 7

10. 炮五进四　士 4 进 5（图 107）

11. 车二进六！　炮 7 进 7

12. 仕四进五　车 1 平 4

13. 兵五进一　卒 7 平 6

14. 车八进三　车 8 平 7

15. 车二进一　车 4 进 2

16. 兵五进一　车 7 进 7

17. 车二退七　车 7 平 9

18. 车二平三　车 9 平 3

19. 车八平二！　车 3 退 2

20. 车三进八　将 5 平 4

21. 车二进六　象 5 退 7

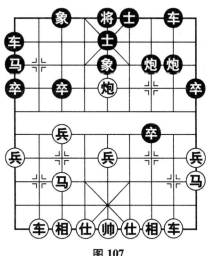

图 107

22. 车二平三　卒6进1

23. 后车平五　车3平6

24. 车五平九　卒6进1

25. 车九进一　卒6进1

26. 车三平四！　车6退5

27. 车九平七　将4进1

28. 车七平四　卒6平5

29. 仕六进五　卒1进1

30. 车四退一　将4退1

31. 车四平八　车4退1

32. 车八退五　卒3进1

33. 车八平七　车4平3

34. 车七平六　将4平5

35. 兵五平六　卒3进1

37. 兵六平五（图108）

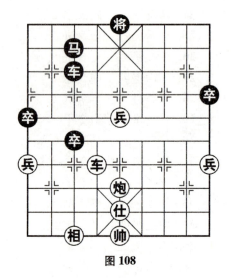

图 108

36. 炮五退四　马1退3

第 55 局　孟辰胜靳玉砚

1. 兵七进一　卒7进1

2. 炮二平三　炮8平5

3. 炮八平五　马8进7

4. 马八进七　马2进1

5. 车九平八　车1平2

6. 马二进一　车9平8

7. 兵一进一　士6进5

8. 车一进一　马7进6

9. 炮五进四　车8进7

10. 炮三平五　炮2进5

11. 车八进一　炮2平5

12. 相七进五　车2进8

13. 车一平八　车8退4

14. 炮五退二　车8平5（图109）

15. 炮五平四　卒1进1？

16. 车八平六　车5平4

17. 车六进五　马6退4

18. 仕四进五　马1进2

19. 马一进二　炮5平7

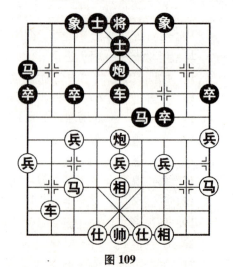

图 109

20. 炮四进二！ 炮7进4   21. 炮四平五 象3进5

22. 马二进四 炮7进1   23. 马四进六！马2退4

24. 马七进六 将5平6   25. 仕五进四 马4退3

26. 马六进七 炮7退1

27. 兵五进一 炮7平3

28. 马七退九 马3进4

29. 兵五进一 马4进2

30. 炮五平九 士5进6

31. 兵五平四 炮3平5

32. 仕六进五 士4进5

33. 炮九平四！将6平5

34. 兵四平三 卒9进1

35. 兵一进一 炮5退2

36. 马九退八 炮5平9

37. 兵九进一 （图110）

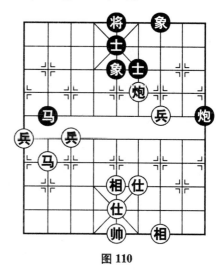

图 110

第56局　柳大华胜郑惟桐

1. 兵七进一 卒7进1   2. 炮二平三 炮8平5

3. 马八进七 马8进7   4. 相七进五 马2进1

5. 车一进一 炮2平4

6. 车九平八 车1平2

7. 炮三进三 车2进6

8. 马二进三 象7进9

9. 炮三退一 士6进5 （图111）

10. 兵七进一！车9平6

11. 马七进六 车2平4

12. 马六进七 马1进3

13. 兵七进一 车4平2

14. 炮三平七 象3进1

15. 兵七平六 炮4平2

16. 炮八进五！车2进3

17. 炮八平三 象1进3

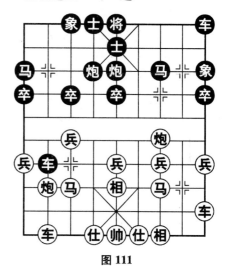

图 111

18. 兵六平五　炮5平4
19. 车一平二　车6平7
20. 炮三退三　炮4进5
21. 炮七平五　炮4平1
22. 前兵平六　士5进6
23. 车二进五　炮1进2
24. 车二平五　将5平6
25. 炮三平四　士6退5
26. 车五平四　士5进6
27. 炮四进三　车7进1
28. 兵三进一　炮1平4?
29. 炮四平六！车7平6
30. 车四进二　将6进1
31. 炮六退七　车2退6
32. 炮五平六　士4进5
33. 马三进四　将6退1
34. 马四进五　车2进3
35. 马五进三　将6平5
36. 前炮平五　士5进6
37. 兵六平五　将5平4
38. 仕四进五　（图112）

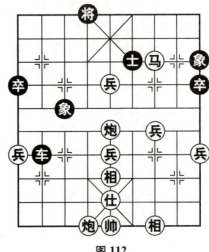

图 112

第57局　卜凤波胜黄海林

1. 兵七进一　卒7进1
2. 炮二平三　炮2平5
3. 相三进五　马2进3
4. 兵三进一　车1平2
5. 兵三进一　马8进9
6. 马二进四　车9平8
7. 仕四进五　炮8平6
8. 马八进九　车2进4（图113）
9. 马四进三　卒3进1
10. 马三进四　卒3进1
11. 炮八平七　卒5进1
12. 相五进七　马3进5?
13. 炮七进七　士4进5
14. 炮三进七！车8平7
15. 马四进五　马5进7

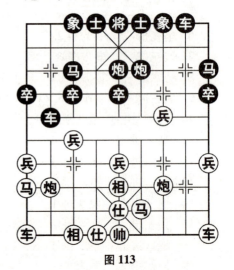

图 113

16. 车一平三　车7进3
17. 车三进四　士5进4
18. 相七退五　马9退7
19. 马九进七　车2平3
20. 炮七平九!　车3进2
21. 车九平八　车3退5
22. 马五退六　后马进6
23. 车八进九　将5进1
24. 马六进八　车3平4
25. 车三退一　将5平6
26. 马八退七　车4平5
27. 车八退三　卒5进1
28. 车八退一　车5进2
29. 炮九退一　炮6平5
30. 马七进八　将6进1
31. 马八进七　卒5进1
32. 车八平三　车7进1
33. 车三进二　卒5进1
34. 帅五平四　卒5平6
35. 车三平四　炮5退1
36. 马七进五!　车5平3
37. 车四退三　卒1进1
38. 车四平三（图114）

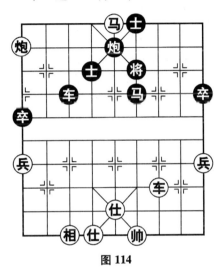

图 114

第 58 局　胡荣华胜徐天利

1. 兵七进一　卒7进1
2. 炮二平三　象3进5
3. 炮八平五　马8进7
4. 马二进一　马2进4
5. 车九进二　马7进6?
6. 车九平六　车9进1
7. 炮三退一　马6进5
8. 车六进一　马5退6（图115）
9. 车一平二　炮8平7
10. 车二进六!　卒7进1
11. 车二平四　马6进7
12. 马一进三　卒7进1
13. 炮三进六　炮2平7

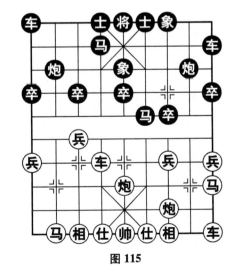

图 115

14. 车六平三　　车9进1
15. 车四进二　　马4进6
16. 车三进三　　卒5进1
17. 马八进七　　车1进2
18. 马七进六　　士4进5
19. 马六进四　　炮7平8
20. 炮五平三!　象5进7
21. 车三平七　　车9退2
22. 车七进三　　士5退4
23. 炮三平五　　象7退5
24. 车四退一　　士6进5
25. 马四进二!　象5退3
26. 车四平九　　象7进5
27. 车九退一　　车9平7
28. 相三进一　　车7进4
29. 车九平五　　车7平8
30. 兵七进一　　卒5进1
31. 兵七进一　　卒5进1
32. 炮五平八　　卒9进1
33. 炮八进七　　卒5平4
34. 兵七进一　　炮8平3
35. 马二进三　　将5平6
36. 车五平四　　士5进6
37. 马三退五　　将6平5
38. 车四平五（图116）

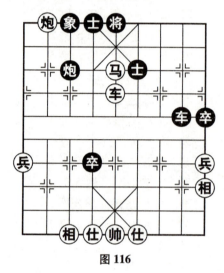

图 116

第 59 局　谢靖胜潘振波

1. 兵七进一　　卒7进1
2. 炮二平三　　炮8平5
3. 炮八平五　　炮5进4
4. 仕四进五　　象3进5
5. 马八进七　　炮5退2
6. 马二进一　　马8进7
7. 车一平二　　车9进1
8. 车二进四　　车9平6（图117）
9. 车二平六　　马2进3
10. 车九平八　　车1平2
11. 车八进六　　车6进5
12. 兵三进一　　士6进5

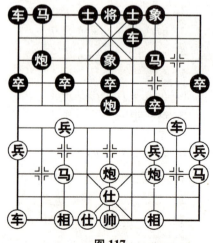

图 117

13. 车六平五　马7进8　　14. 兵三进一　马8进9

15. 炮三进一！车6平3?　　16. 马七进五　车3进3

17. 车五平一！炮2平1　　18. 车八进三　马3退2

19. 车一退一　炮1平2　　20. 炮五平八　马2进4

21. 兵三平四　车3退2　　22. 炮八进一　炮5进1

23. 帅五平四！车3进2　　24. 马五进三　炮5平6

25. 炮三平二！象5进7　　26. 炮二进六　象7进9

27. 炮二平一　车3退2

28. 车一平二　将5平6

29. 车二进六　将6进1

30. 马一进二　炮6平8

31. 炮八平四　炮2平6

32. 车二退一　将6退1

33. 炮四进四　士5进6

34. 车二进一　将6进1

35. 车二退五　车3退2

36. 车二进四　将6退1

37. 马三退一　车3平9

38. 马一退三　（图118）

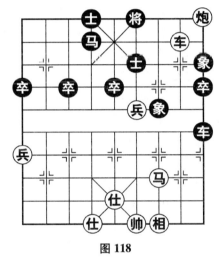

图 118

第60局　曾东平胜李智屏

1. 兵七进一　卒7进1

2. 炮二平三　炮8平5

3. 马八进七　马8进7

4. 相七进五　马2进1

5. 马二进一　车9平8

6. 车一进一　炮2平3

7. 车一平六　车1平2

8. 车九平八　士6进5 （图119）

9. 仕六进五　车2进4

10. 兵一进一　卒1进1

11. 炮八平九　车2平5

12. 车六进三　车8进6

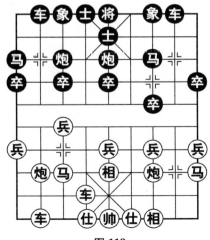

图 119

13. 车八平六　炮5平4
14. 前车平二　车8退1
15. 马一进二　象7进5
16. 炮九退二　马1进2
17. 炮三平四　马2进3?
18. 炮九平七　马3进1
19. 车六进一!　卒1进1
20. 车六平九　卒1进1
21. 马七进九　炮3平1
22. 炮四平九　炮1进5
23. 车九进一　车5平1
24. 车九退一　炮4平1
25. 炮七平九　卒7进1
26. 兵三进一　马7进6
27. 马二退三　马6进7
28. 仕五退六　士5退6
29. 车九平一!　车1进2
30. 炮九进七　象3进1
31. 车一进二　卒3进1
32. 车一平三　卒3进1
33. 相五进七　卒5进1
34. 车三平一　象1退3
35. 相七退五　车1退3
36. 车一平四　士4进5
37. 车四进二　车1平5
38. 马三进四（图120）

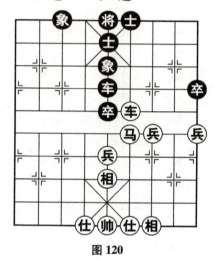

图 120

第61局　郑一泓胜葛维蒲

1. 兵七进一　卒7进1
2. 炮二平三　象7进5
3. 马二进一　马8进7
4. 车一平二　车9平8
5. 车二进六　炮8平9
6. 车二进三　马7退8
7. 炮八平五　马8进7
8. 车九进一　马2进1（图121）
9. 车九平三!　车1平2
10. 马八进七　士4进5
11. 兵三进一　卒7进1
12. 炮三进五　炮2平7

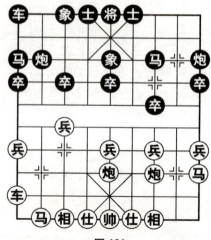

图 121

13. 车三进三　炮7进2
14. 炮五进四　车2进4
15. 相三进五　卒1进1
16. 兵五进一　车2平4
17. 车三退一　将5平4
18. 仕四进五　卒3进1
19. 马七进五　卒9进1
20. 马一退二　马1进2
21. 兵七进一　炮7平3
22. 马五进三　象5退7
23. 车三平八　马2退3
24. 炮五平二　象3进5
25. 马二进四　炮3平2
26. 马四进二　炮9平6
27. 马三进四　车4进4
28. 马二进三　炮2退4
29. 兵五进一　炮2平3
30. 相七进九　车4平1?
31. 车八平六　将4平5
32. 炮二退四　车1平3
33. 马三进二　炮6退1
34. 马二进三　车3退2
35. 车六平七　炮3进6
36. 马四进二　马3进2
37. 马二进四　炮3退5
38. 炮二平三!（图122）

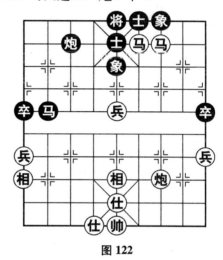

图 122

第62局　孙勇征负聂铁文

1. 兵七进一　卒7进1
2. 炮二平三　炮8平5
3. 相三进五　马8进7
4. 炮三进三　炮2平3
5. 马二进三　马2进1
6. 马八进九　车1平2
7. 车九平八　车9平8
8. 兵九进一　象7进9
9. 炮三退一　车8进4
10. 车一进一　卒1进1
11. 兵九进一　车8平1
12. 车一平六　士6进5（图123）

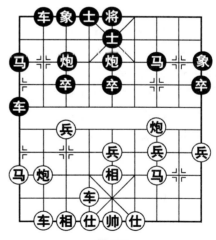

图 123

13. 车六进五　车 2 进 6	14. 炮八平七　车 2 进 3
15. 马九退八　车 1 平 2	16. 炮七进四？炮 3 进 3！
17. 炮七进一　马 7 进 6	18. 车六平五　车 2 进 5
19. 炮七平一　马 6 进 4！	20. 炮三进五　士 5 进 6
21. 炮一进二　将 5 进 1	22. 车五平二　炮 3 退 4
23. 炮三平七　车 2 退 1	24. 炮一退一　将 5 平 4
25. 车二平六　将 4 平 5	26. 车六退二　炮 3 平 9
27. 仕四进五　马 1 进 3	
28. 车六进一　炮 9 平 7	
29. 车六平三　炮 7 平 6	
30. 车三平七　马 3 退 1	
31. 车七平六　车 2 退 4	
32. 车六进四　马 1 进 3	
33. 兵三进一　马 3 进 1	
34. 车六退六　马 1 进 2	
35. 车六平七　炮 5 平 1	
36. 炮七平二　炮 6 平 8	
37. 车七进四　车 2 平 6！	
38. 兵三进一　车 6 平 7	
39. 马三进二　炮 1 进 4（图 124）	

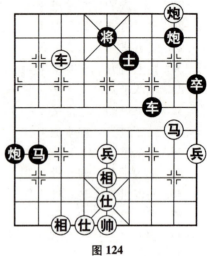

图 124

第 63 局　谢岿胜张晓平

1. 兵七进一　卒 7 进 1	2. 炮二平三　象 7 进 5
3. 马二进一　马 8 进 7	4. 车一平二　车 9 平 8
5. 车二进六　炮 8 平 9	6. 车二进三　马 7 退 8
7. 炮八平五　车 1 进 1	8. 炮五进四　士 6 进 5（图 125）
9. 车九进一　马 2 进 3	10. 炮五退一　车 1 平 4
11. 车九平二　马 8 进 6	12. 马八进七　车 4 进 5
13. 车二进五　卒 3 进 1	14. 兵七进一　车 4 平 3
15. 相三进五　车 3 退 1	16. 兵五进一　车 3 平 2
17. 马七进五　马 3 进 5	18. 仕四进五　马 5 进 3
19. 马五进七　炮 2 平 3	20. 炮三进三！炮 3 进 3
21. 炮三平七　炮 3 平 2	22. 炮七平八　炮 2 进 2

23. 仕五进六　车3平6	24. 车二平一　马6退8
25. 兵一进一　炮2退2	26. 炮八进四　将5平6
27. 仕六退五　象5进3	28. 马一进二！炮2平8
29. 车一平二　马8进6	30. 车二退二　车6平7
31. 车二平四　车7平2	32. 炮八平九　车2退3
33. 兵一进一　炮9平6	34. 车四平三！马6进8
35. 兵一平二　炮6平5	36. 炮五平四　将6平5
37. 车三进三　车2平6	38. 炮四平五　将5平6
39. 炮五进三（图126）	

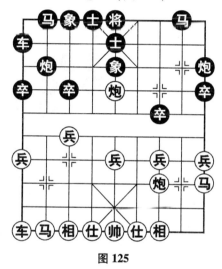

图 125

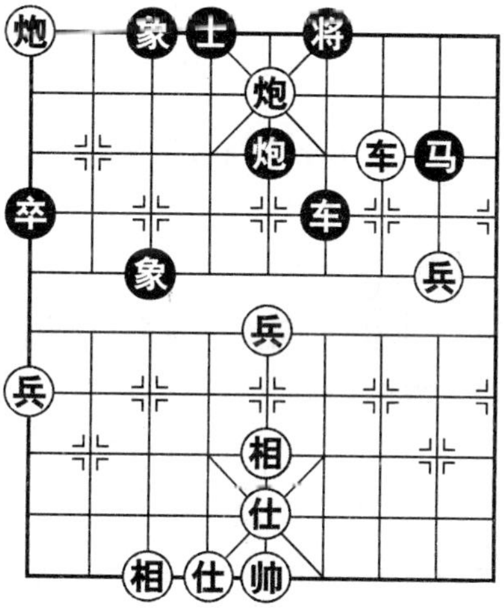

图 126

第 64 局　赵鑫鑫胜王跃飞

1. 兵七进一　卒7进1	2. 炮二平三　炮8平5
3. 马八进七　马8进7	4. 相七进五　马7进6
5. 仕六进五　车9平8	6. 马二进一　马2进3
7. 车一进一　马6进5	8. 马七进五　炮5进4（图127）
9. 车一平四　炮2平1	10. 车四进二　炮5退2
11. 车九平六　车1平2	12. 车六进六　象3进5
13. 车六平七　车2进2	14. 炮八进四　车8进5
15. 车四平八　士4进5	16. 兵三进一　车8平7
17. 炮三进一　象7进9	18. 车八平六　炮1退2

19. 炮三平五　车7平6?　　20. 炮八平五　马3进5

21. 车七平五!　车6退1　　22. 车五进一　车2平5

23. 炮五进四　士5进4　　24. 车六进四　车6退2

25. 帅五平六　炮1进6　　26. 兵七进一　象9退7

27. 车六进二　将5进1　　28. 炮五退一　车6进1

29. 车六退一　将5退1　　30. 车六退二　炮1平8

31. 兵七进一　炮8退5　　32. 马一进三　卒9进1

33. 马三进五　将5进1　　34. 马五进三　炮5平6

35. 马三退二　炮6平8　　36. 马二退四　将5平6

37. 马四进三　车6平7　　38. 车六退一　前炮退2

39. 炮五退三（图128）

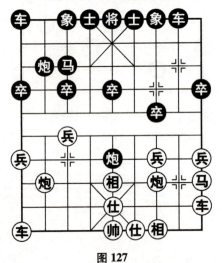

图 127

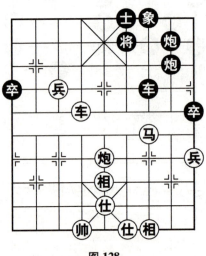

图 128

第 65 局　谢丹枫负曹延磊

1. 兵七进一　卒7进1　　2. 炮二平三　炮8平5

3. 炮八平五　马8进7　　4. 马八进七　马2进1

5. 马二进一　车9平8　　6. 车九平八　车1平2

7. 兵一进一　士6进5　　8. 车一进一　马7进6

9. 炮五进四　车8进7　　10. 炮三平五　炮2进5

11. 车八进一　炮2平5　　12. 相七进五　车8退4（图129）

13. 车八进八　马1退2　　14. 炮五平九?　卒3进1

15. 炮九进三　马2进3
16. 车一平八　卒3进1
17. 车八进八　马3退1
18. 车八退四　车8平6
19. 车八平七　马6退4
20. 炮九平八　车6进1!
21. 车七进一　卒3进1
22. 炮八退五　卒3进1
23. 车七平六　车6进2!
24. 车六退三　马1进2
25. 仕六进五　将5平6
26. 帅五平六　车6退1
27. 炮八退一　车6平2!
28. 帅六平五　马2退4
29. 车六平七　卒3进1
30. 马一退三　卒3平4
31. 马三进四　象3进1
32. 兵五进一　车2平5
33. 马四进三　车5平4
34. 马三进五　车4退2
35. 马五进三　将6平5
36. 车七平五　车4平7
37. 马三进一　马4进3
38. 炮八进六　象1退3
39. 炮八退九　车7平2（图130）

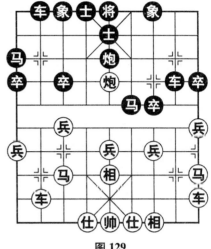

图 129

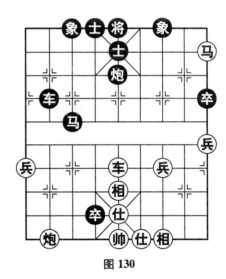

图 130

第 66 局　徐天红胜赵汝权

1. 兵七进一　卒7进1	2. 炮二平三　炮8平5
3. 马八进七　马8进7	4. 相七进五　马2进1
5. 车一进一　车9平8	6. 马二进一　马7进6
7. 车一平六　马6进5	8. 马七进五　炮5进4
9. 仕六进五　炮2平6（图131）	10. 车六进二　炮5退2

11. 车六进三　车8进3

12. 车九平六　士6进5

13. 炮八进四　车1平2

14. 前车平五　车8进4

15. 炮八退四　车2进4

16. 兵一进一　象7进5

17. 兵七进一！车2平3

18. 炮三进三　车3进3

19. 车五退一　车3平2

20. 炮三退一　车8退4

21. 炮三平五　将5平6

22. 车五平四　车8平5

23. 炮五平四　将6平5

24. 炮四进三！士5进6

25. 车四进二　车2退6?

26. 车六进九　将5平4

27. 车四进二　将4进1

28. 车四退一　将4退1

29. 车四平八　卒1进1

30. 车八平四　将4平5

31. 马一进二　马1进2

32. 马二进四　车5平7

33. 兵三进一　卒3进1

34. 车四平六　车7平5

35. 马四进六　马2退

36. 马六进七　将5平6

37. 兵三进一　马3进2

39. 兵三进一！（图132）

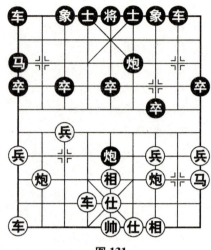

图 131

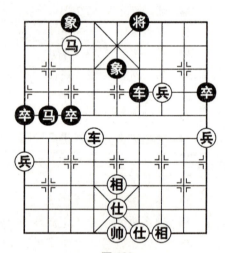

图 132

38. 车六退四　车5平6

第67局　许银川胜于幼华

1. 兵七进一　卒7进1　　　2. 炮二平三　炮8平5

3. 炮八平五　马8进7　　　4. 马八进七　马2进1

5. 车九平八　车1平2　　　6. 马二进一　车9平8

7. 兵一进一　士6进5

8. 车一进一　马7进6

9. 炮五进四　车8进7

10. 炮三平五　炮2进5

11. 车八进一　炮2平5

12. 相七进五　车2进8

13. 车一平八　卒1进1

14. 车八平四　马6进7（图133）

15. 车四进五！马7进8

16. 仕六进五　马1进2

17. 车四平一　车8平9

18. 车一进三　将5平6

19. 车一平三　将6进1

20. 车三退一　将6退1

21. 车二进一　将6进1

22. 车三退四　马2进3

23. 车三平四　炮5平6

24. 车四平二！马8退6

25. 仕五进四　车9平6

26. 仕四进五　车6退4

27. 炮五退二　车6进2

28. 兵一进一　炮6平5

29. 车二平九　将6退1

30. 车九平五　炮5进3

31. 兵五进一　马3进1

32. 车五平六　车6平5

33. 车六平八　马1进3

34. 帅五平六　卒3进1

35. 兵七进一　车5退1

36. 车八退四　车5平9

37. 车八平七　车9平3

38. 车七退一　车3进2

39. 帅六平五　象3进5

40. 兵九进一（图134）

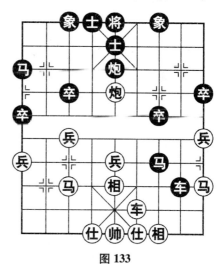

图 133

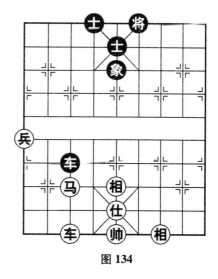

图 134

第68局　阎文清负郑一泓

1. 兵七进一　卒7进1

2. 炮二平三　炮8平5

3. 炮八平五　马8进7

4. 马八进七　马2进1

5. 车九平八　车1平2

6. 炮三进三　象7进9

7. 炮三进一　车9平8

8. 马二进三　车8进5

9. 车八进四　炮2平3（图135）

10. 炮三平七　车2进5

11. 炮七进三　士4进5

12. 马七进八　炮3平4

13. 相七进九　炮4进5！

14. 车一平二　车8平6

15. 马三退一　炮5进4

16. 仕六进五　马7进6

17. 车二进七？炮4退5

18. 马八退七　炮5退1

19. 兵三进一　车6平7

20. 车二退二　马6进7

21. 车二进一　炮5退1

22. 兵七进一　马7进5

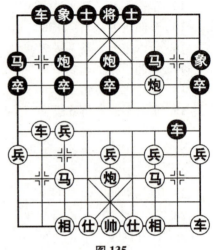

图 135

23. 相三进五　车7平5

24. 相九退七　炮4进6！

25. 帅五平六　炮4平9

26. 车二平五　炮9平6

27. 仕五进四　炮6平3

28. 车五平六　士5进6

29. 车六进一　炮5平8

30. 车六平九　车5退1

31. 车九平七　炮3平9！

32. 仕四进五　炮8进5

33. 相五进三　炮8平9

34. 车七退一　车5平8

35. 马七进八　车8进5

36. 仕五退四　车8平6

37. 帅六进一　车6退1

38. 帅六进一　车6退1

39. 相七进五　车6进2

40. 帅六退一　后炮平8（图136）

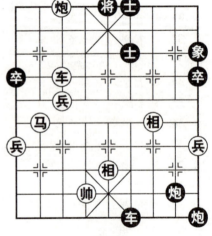

图 136

第 69 局 柳大华胜蔡忠诚

1. 兵七进一 卒 7 进 1
2. 炮二平三 炮 2 平 5
3. 兵三进一 马 8 进 9
4. 兵三进一 马 2 进 3
5. 相七进五 炮 5 进 4
6. 仕六进五 车 1 平 2
7. 马二进一 炮 5 平 8
8. 马一进三 车 2 进 6（图 137）
9. 马三进四 卒 5 进 1
10. 马八进六 马 3 进 5
11. 相五进三！士 6 进 5
12. 炮八平五 马 5 退 3
13. 马四退五 卒 5 进 1
14. 炮五进二 后炮平 5
15. 兵三平四 车 9 平 8
16. 车九进二 车 2 平 4
17. 车九平四 车 4 退 1
18. 炮五进一 炮 8 平 1
19. 马五退七！车 4 平 3
20. 马六进五 车 3 平 5
22. 仕五退六 炮 1 进 1
24. 炮三平五 车 5 进 1
25. 马七进五 车 8 平 5
26. 车一平二 车 5 平 2
27. 车二进七 车 2 进 3
28. 仕五退六 车 2 退 5
29. 仕六进五 车 2 进 5
30. 仕五退六 车 2 退 4
31. 仕六进五 车 2 平 7
32. 相三进一 车 7 进 1
33. 车四进三 炮 1 退 5
34. 车四平三 车 7 退 1
35. 相一进三 炮 1 平 6
36. 车二平三 将 5 平 6

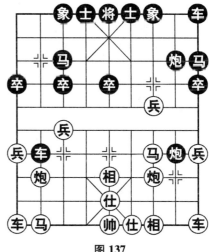

图 137

21. 车四退一！炮 1 进 2
23. 仕六进五 车 8 进 6?

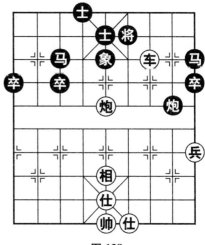

图 138

37. 车三进二　将 6 进 1
38. 后炮进五　象 3 进 5
39. 车三退二　炮 6 平 8
40. 相三退五（图 138）

第 70 局　刘忆慈负胡荣华

1. 兵七进一　卒 7 进 1
2. 炮二平三　炮 8 平 5
3. 炮八平五　马 8 进 7
4. 马八进七　马 2 进 1
5. 车九平八　车 1 平 2
6. 马二进一　车 9 进 1
7. 车一平二　车 9 平 4
8. 车二进四　卒 1 进 1（图 139）
9. 仕六进五　车 4 进 3
10. 车二平六　车 4 平 6
11. 车八进六　卒 9 进 1
12. 兵一进一　卒 9 进 1
13. 车六平一　炮 2 平 3
14. 车八进三　马 1 退 2
15. 车一平六　士 4 进 5
16. 马一进二　车 6 平 2
17. 兵三进一　象 7 进 9
18. 马二进三　炮 5 平 4
19. 炮三退一　车 2 平 6

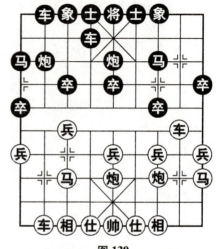

图 139

20. 相三进一　马 2 进 1
21. 马三退一　马 1 进 2
22. 车六退一　马 7 进 8
23. 炮五进四　将 5 平 4
24. 兵五进一　卒 7 进 1
25. 炮三进一　炮 3 退 1
26. 炮五退一？马 2 进 4!
27. 车六平八　马 4 进 3
28. 车八进六　炮 3 进 4
29. 相七进五　马 3 退 4
30. 相五进七　马 8 进 6!
31. 炮三平九　车 6 平 9
32. 炮九进三　车 9 进 2
33. 炮五平六　炮 4 平 5
34. 炮九进二　车 9 退 2!
35. 炮九进二　将 4 进 1
36. 车八退一　将 4 进 1
37. 车八退三　卒 3 进 1!
38. 车八平七　马 6 退 5
39. 车七平九　炮 5 进 3
40. 帅五平六　马 4 进 3
41. 帅六进一　马 5 退 3（图 140）

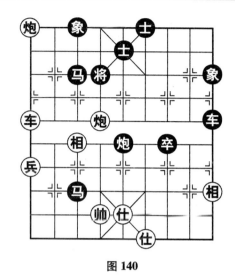

图 140

第71局 尚威胜何连生

1. 兵七进一 卒7进1	2. 炮二平三 炮8平5
3. 炮八平五 马8进7	4. 马八进七 马2进1
5. 车九平八 车1平2	6. 马二进一 车9平8
7. 兵一进一 卒1进1	8. 车一进一 车8进4
9. 车八进三 炮2平3	10. 车八进六 马1退2

11. 车一平六 士6进5

12. 车六进四 马2进1（图141）

13. 车六平九 炮3进3

14. 相七进九 炮3进1

15. 车九退一 卒9进1

16. 兵一进一 车8平9

17. 兵三进一 炮3退2

18. 仕六进五 炮3平5

19. 炮五进三 卒5进1

20. 车九平六 马7进9

21. 车六进二 马9退8

22. 兵九进一 马8进6

23. 车六平三 车9进1

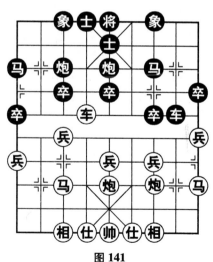

图 141

24. 马一进三! 车9进1

25. 马三退五 车9进3?

26. 兵三进一 车9平7

27. 兵三平四 卒5进1

28. 相九退七 炮5平4

29. 兵四进一 马6进4

30. 车三进三 士5退6

31. 马五进七 卒5进1

32. 后马进五 士4进5

33. 马七进六 马4进6

34. 炮三进二! 车7平8

35. 车三平一 将5平4

36. 马六进七 马1退3

37. 炮三进五 将4进1

38. 车一退四 车8平7

39. 车一平四 车7退9

40. 车四平六 (图142)

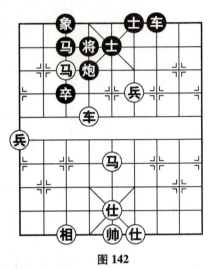

图 142

第72局 赵国荣负吕钦

1. 兵七进一 卒7进1

2. 炮二平三 炮8平5

3. 马八进七 马8进7

4. 相七进五 马2进1

5. 车一进一 炮2平4

6. 车九平八 车1平2

7. 车一平六 士6进5

8. 车六进四 象7进9 (图143)

9. 兵七进一 卒3进1

10. 车六平七 车9平6

11. 炮八进一 车6进5

12. 仕四进五 炮5平6

13. 炮八进五 车6退1

14. 车七退一 卒1进1

15. 炮八退七 象3进5

16. 兵九进一 卒1进1

17. 车七平九 马1进3

18. 炮八进五 炮4平3

19. 马二进一 马7进8

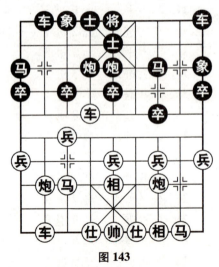

图 143

20. 炮八平五　车2进9　　　21. 马七退八　车6进2
22. 车九平二　车6平5　　　23. 炮五平二? 炮6平8!
24. 炮三平二　卒7进1!　　　25. 车二平三　马3进5
26. 车三平二　马8退6　　　27. 后炮进一　车5进1
28. 相三进五　炮8进3
29. 兵一进一　炮8平5
30. 马八进七　马5退3!
31. 后炮退一　马6进4
32. 后炮平四　马4进3
33. 马一退三　后马进4
34. 炮二退四　炮5退2
35. 帅五平四　炮5平7
36. 马三进一　炮7平6
37. 帅四平五　炮3进5
38. 炮四平七　马3进5
39. 炮七平八　马5进7
40. 帅五平四　马4退6
41. 炮二平四　马6进7（图144）

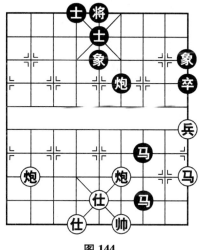

图 144

第73局　蒋川胜赵鑫鑫

1. 兵七进一　卒7进1
2. 炮二平三　炮8平5
3. 相七进五　炮2平3
4. 马八进七　马2进1
5. 车九平八　马8进7
6. 车一进一　车1平2
7. 车一平六　士6进5
8. 仕六进五　车2进4（图145）
9. 炮八平九　车2平5
10. 马二进一　车9平8
11. 车六进三　卒1进1
12. 兵一进一　马7进6
13. 车八进三　车8进3

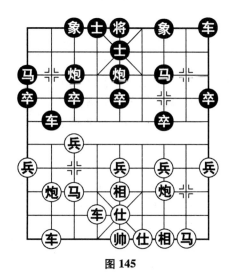

图 145

14. 炮三进三　马6进5　　　　15. 马七进五　车5进2

16. 车八平五　炮5进4　　　　17. 炮九进三　车8平6

18. 马一进二！卒5进1？　　　19. 车六进一　卒5进1

20. 炮九退一　炮3进3　　　　21. 炮九平五　车6平5

22. 炮五进一　象7进5　　　　23. 马二进四！炮3平6

24. 炮三平二　车5平6　　　　25. 帅五平六　将5平6

26. 炮五退一　马1退3　　　　27. 炮二退三　炮5平6

28. 马四退二　车6平4

29. 车六进一　马3进4

30. 炮五进二　前炮平4

31. 马二进一！马4进5

32. 帅六平五　炮6退4

33. 马一进三　将6平5

34. 炮二进七　马5退6

35. 兵一进一　炮6平7

36. 兵三进一　马6退8

37. 炮五平一　炮4退4

38. 马三退四　炮7平9

39. 兵一平二　马8退6

40. 炮二平一　卒3进1

41. 兵二进一　炮4平2（图146）

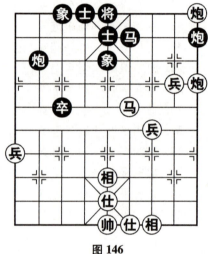

图 146

第74局　　杨剑负许波

1. 兵七进一　卒7进1　　　　2. 炮二平三　炮8平5

3. 炮八平五　马8进7　　　　4. 马八进七　马2进1

5. 马二进一　车9平8　　　　6. 兵一进一　车1平2

7. 车九平八　士6进5　　　　8. 车一进一　象7进9

9. 车一平四　卒1进1　　　　10. 仕六进五　车8进4（图147）

11. 相七进九　炮2平3　　　　12. 车八进九　马1退2

13. 车四进五　马2进1　　　　14. 马七进六　卒7进1

15. 兵三进一？车8平4　　　　16. 马六退四　马1进2

17. 兵三进一　马2进3！　　　18. 仕五退六　炮5进4

19. 仕四进五　炮3平2　　　　20. 帅五平四　炮2进7

21. 相九退七　炮5进2！	22. 马四退六　车4平7
23. 炮三进五　马3进5	24. 相三进五　车7退2
25. 马一进二　车7平4	26. 帅四进一　炮5平1
27. 马二退四　车4进4	28. 帅四平五　炮2退7
29. 相五退三　炮2平5	30. 帅五平四　炮5平6
31. 帅四平五　车4平5	32. 帅五平四　炮1平2！
33. 帅四退一　炮2退2	34. 马六退四　车5平4
35. 前马退六　炮2退4	36. 仕六进五　炮2平5
37. 相七进五　炮6退2	38. 车四进二　炮5进5
39. 车四退二　车4平7	40. 相三进一　车7进2
41. 仕五进四　炮5平9（图148）	

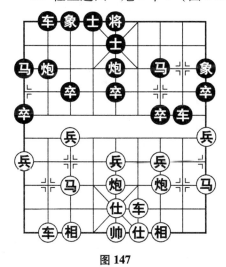

图147

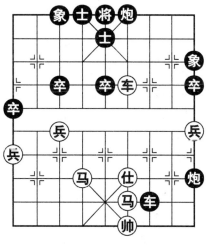

图148

第75局　谢岿负孙勇征

1. 兵七进一　卒7进1	2. 炮二平三　象7进5
3. 马二进一　马8进7	4. 车一平二　车9平8
5. 车二进六　炮8平9	6. 车二进三　马7退8
7. 炮八平五　马2进3	8. 车九进一　车1进1
9. 车九平二　马8进6	10. 车二进七　车1平4（图149）
11. 车二平三　车4进7！	12. 车三平四　车4平2
13. 炮三平二　炮9平8	14. 炮五平七　炮2进7

15. 仕四进五　士4进5

16. 车四平二　炮8平6

17. 车二平三　炮6平8

18. 车三平二　炮8平6

19. 车二平四　炮6平8

20. 兵一进一　炮8进4

21. 兵七进一　象5进3

22. 相三进五　象3进5

23. 马一进二　车2平4

24. 炮七平六? 炮8平5!

25. 帅五平四　炮5进2

26. 帅四平五　炮5平9

27. 马二进三　车4进1

28. 帅五进一　车4平5

29. 帅五平六　车5平8

30. 相七进九　炮2平6

31. 帅六平五　车8退1

32. 帅五退一　炮6退1

33. 炮六退二　车8退1

34. 车四退七　车8退4

35. 马三进四　炮9退1

36. 相九退七　卒5进1

37. 车四进三　象5退3

38. 帅五平四　马3进5

39. 马四退五　车8平5

40. 炮六平五　象3退5

41. 相五进三　卒7进1

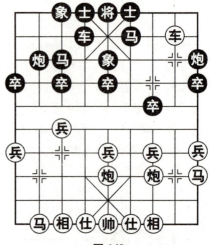

图 149

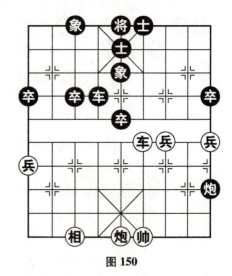

图 150

42. 兵三进一　车5平4（图150）

第 76 局　韦向阳负胡荣华

1. 兵七进一　卒7进1　　　2. 炮二平三　炮2平5

3. 马八进七　马2进3　　　4. 车九平八　车1平2

5. 炮八进四　马8进7　　　6. 相三进五　马3退1

7. 炮八退一　炮8进2　　　8. 炮八平二　车2进9

9. 马七退八　车9平8

10. 马二进四　车8进4（图151）

11. 车一进一　马7进6

12. 马八进七　马1进3

13. 仕四进五　炮5平4!

14. 炮三退二?　炮4进6

15. 炮三平四　马6退5

16. 马七进八　卒5进1

17. 兵七进一　卒3进1

18. 马八退六　马5进4

19. 马六退八　炮4平1

20. 马八退六　车8进1

21. 兵三进一　卒3进1

22. 车一进一　卒3进1

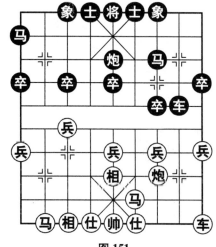

图 151

23. 车一平四　卒3进1!

24. 车四进七　将5进1

25. 马六退八　卒3平2

26. 兵三进一　炮1平6

27. 车四退八　卒2进1

28. 车四进四　象7进5

29. 兵三进一　马4进5

30. 车四退二　卒5进1

31. 兵三平四　将5平4

32. 兵四进一　士4进5

33. 车四进三　士5进6

34. 车四平七　马3退4

35. 车七进二　将4进1

36. 车七平八　卒2进1

37. 车八退八　象5进3

38. 车八进六　士6退5

39. 车八平六　将4平5

40. 仕五进四　马5进7

41. 炮四平三　马4进6

42. 车六平四　车8平6（图152）

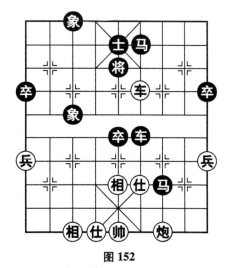

图 152

第77局　洪智负吕钦

1. 兵七进一　卒7进1

2. 炮二平三　炮8平5

3. 马八进七　马8进7

4. 相七进五　马2进1

5. 马二进一　车9平8

6. 车一进一　炮2平4

7. 车一平六　车1平2

8. 车九平八　士6进5（图153）

9. 车六进四　象7进9

10. 兵七进一　卒3进1

11. 车六平七　车8平6

12. 仕四进五　马7进6

13. 炮三平四　马6进5

14. 马七进六　炮5平8

15. 马六进八　车2平1

16. 马八进九　象3进1

17. 车七进一　车1平2

18. 炮八进六　车6进3

19. 车八进二　炮8进5

20. 炮八退二　炮4平5

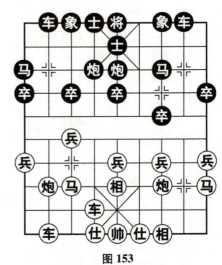

图 153

21. 车八平六　象9退7

22. 炮八退四　卒7进1!

23. 兵三进一?　马5退7

24. 车七退二　马7进6

25. 仕五进四　车6平7!

26. 帅五平四　车7进6

27. 相五退三　炮8平4

28. 炮八平七　车2进9

29. 车七平三　车2平4

30. 帅四进一　车4退1

31. 帅四退一　象7进9

32. 炮七进五　炮5平6

33. 仕四退五　炮4平6

34. 帅四平五　后炮平5

35. 相三进五　炮6退5

36. 炮七平四　士5进6

37. 车三进二　炮5进5

38. 仕五进六　卒5进1

39. 车三平一　车4退1

40. 马一进三　士4进5

41. 车一平九　炮5平7

42. 马三进二　炮7退7（图154）

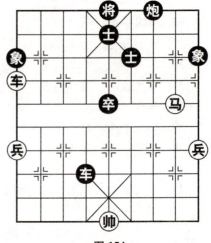

图 154

第78局 汪洋胜景学义

1. 兵七进一 卒7进1　　　　2. 炮二平三 炮8平5

3. 马八进七 马8进7　　　　4. 相七进五 马2进1

5. 车一进一 炮2平4　　　　6. 车一平六 士6进5

7. 仕六进五 车1平2　　　　8. 车九平八 象7进9

9. 车六进三 车2进4

10. 炮八平九 车2平5（图155）

11. 马二进一 卒1进1

12. 兵一进一 车9平6

13. 炮九退一 车5平2

14. 车八进五 马1进2

15. 车六退一 车6进4

16. 炮三平四 炮4平1

17. 马一进二 车6进1

18. 车六平八 马2退3

19. 马二退一 马7进8

20. 车八进三 炮5平8

21. 车八平七 象3进5

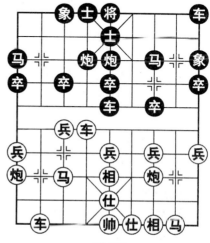

图155

22. 兵七进一！炮1退2　　　23. 炮九进四 炮1平3

24. 车七平六 马8退7　　　　25. 马七进六 炮8进1

26. 车六进二 象5进3　　　　27. 炮九退一 车6退3

28. 马一进二 车6平4　　　　29. 车六退一 士5进4

30. 炮九进五 炮8进1?　　　 31. 炮四进五！马3进4

32. 炮四平一 象3退5　　　　33. 炮一平二 将5进1

34. 炮二退一 炮3进6　　　　35. 炮二平三 卒5进1

36. 炮九退四 马7进5　　　　37. 炮九平五！炮8平5

38. 兵五进一 炮3退2　　　　39. 马二退四 炮5平6

40. 兵五进一 炮3平5　　　　41. 马四进五 炮6退4

42. 炮三平四 炮6平9

43. 马六退四（图156）

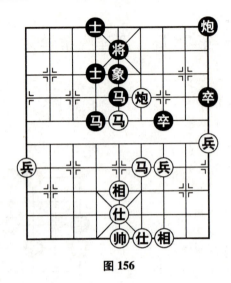

图 156

第79局　李来群胜吕钦

1. 兵七进一　卒7进1	2. 炮二平三　象3进5
3. 马二进一　马8进7	4. 车一平二　车9平8
5. 炮八平五　马2进4	6. 车九进一　炮8进4
7. 马八进七　车1平3	8. 车九平六　马4进6（图157）
9. 兵三进一　士4进5?	10. 车六平八　炮2平4

11. 马七进六　炮8平7

12. 车二进九　炮7进3

13. 仕四进五　马7退8

14. 炮五进四　卒7进1

15. 马六进四　卒3进1

16. 车八进五　卒3进1

17. 相七进五　卒7进1

18. 马一进三　炮7退3

19. 马四退三　卒3平4

20. 马三进二　车3进4

21. 马二进四　车3平6

22. 炮五平九!　炮4退2

23. 相五进三　象5退3?

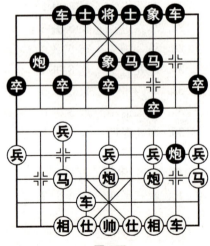

图 157

24. 炮三进七！ 马6退7

25. 马四进三　车6退3

26. 炮九进二！ 炮4进1

27. 车八进三！ 车6平7

28. 车八平七　士5退4

29. 炮九平三！ 马8进9

30. 车七退一　炮4进1

31. 炮三退三　马7进6

32. 炮三平九　士4进5

33. 车七进一　炮4退2

34. 车七退三　马9退7

35. 炮九进四　炮4进2

36. 车七进三　炮4退2

37. 车七退五　炮4进2

38. 车七平六　马7进8

39. 相三退五　马8进6

40. 车六平四　后马进4

41. 炮九退三　卒9进1

42. 炮九退一　马6进4

43. 炮九平五（图158）

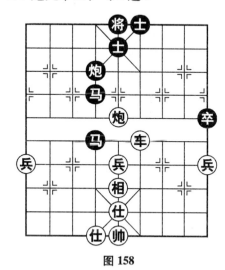

图 158

第 80 局　郑一泓胜张晓平

1. 兵七进一　卒7进1

2. 炮二平三　象7进5

3. 马二进一　马8进7

4. 车一平二　车9平8

5. 车二进六　炮8平9

6. 车二进三　马7退8

7. 炮八平五　车1进1

8. 马八进七　车1平6（图159）

9. 仕六进五　士6进5

10. 车九平八　车6进3

11. 炮五进四　卒1进1

12. 相七进五　车6平5

13. 炮五平二　马2进1

14. 炮二进二　马1进2

15. 车八平六　马8进6

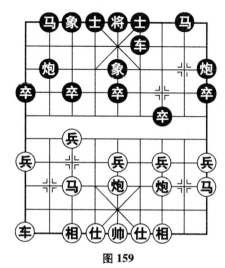

图 159

16. 炮二退三　卒7进1　　　　17. 炮二平八　车5平2

18. 兵三进一　马6进5　　　　19. 炮三平四　卒9进1

20. 马一进三　炮9进4　　　　21. 车六进六　马5进6

22. 马三进五　车2平5　　　　23. 车六平四　炮9退1

24. 炮四进一　卒3进1?　　　25. 兵七进一　象5进3

26. 马七进八　象3退5　　　　27. 车四平二　象5退7

28. 车二进三　象3进5　　　　29. 马八进七!　车5退1

30. 马七进五　车5退1　　　　31. 车二平三　士5退6

32. 马五进六　炮2平4

33. 车三平四　将5进1

34. 车四退一　将5退1

35. 兵五进一　士4进5

36. 炮四平五!　车5平8

37. 车四平五　将5平4

38. 马六退八　炮4进4

39. 车五退三　将4进1

40. 马八退六　车8平3

41. 马六进七!　炮4退3

42. 车五进三　将4退1

43. 车五进一　将4进1

44. 车五平七（图160）

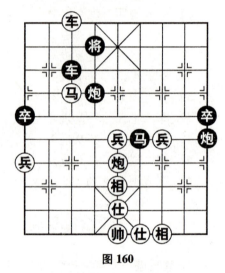

图 160

第 81 局　谢靖胜黄仕清

1. 兵七进一　卒7进1　　　　2. 炮二平三　炮8平5

3. 炮八平五　马8进7　　　　4. 马八进七　马2进1

5. 车九平八　车1平2　　　　6. 马二进一　车9平8

7. 兵一进一　卒1进1　　　　8. 车一进一　士6进5

9. 车一平四　炮2进2　　　　10. 车八进三　炮2平5（图161）

11. 车八进六　马1退2　　　　12. 车四进五　车8进7

13. 炮三进三　象7进9　　　　14. 炮三进一　车8退4

15. 马七进六　前炮平7　　　　16. 仕四进五　炮7进5

17. 马一进二　车8进2　　　　18. 炮三退六　马7进8

19. 车四平二　车8平4　　　　20. 炮五进四!　车4平6

21. 车二退一　马2进3

22. 炮五退二　马3进5

23. 车二进四　车6退5

24. 车二平四　将5平6

25. 炮五进三　象3进5

26. 兵五进一　马5进6

27. 兵三进一　马6进7

28. 相七进五　卒3进1

29. 兵七进一　象5进3

30. 炮三平一！马7进9

31. 仕五进六　象3退5

32. 仕六进五　马9退8?

33. 炮一进六　马8进7

34. 帅五平六　马7退5

35. 兵一进一　马5退4

36. 炮一平九　士5进4

37. 兵一进一　象9退7

38. 兵一平二　马4退3

39. 帅六平五　士4进5

40. 炮九平八　象7进9

41. 兵二平三　将6平5

42. 帅五平四　马3进4

43. 炮八进一　象9退7

44. 炮八退七　马4进3

45. 炮八进二　马3退2

46. 炮八退二（图162）

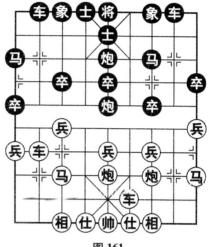

图 161

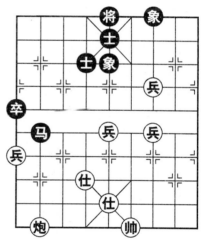

图 162

第 82 局　孟立国胜张致忠

1. 兵七进一　卒7进1

2. 炮二平三　象7进5

3. 马二进一　马8进7

4. 车一平二　炮8平9

5. 马八进七　马2进1

6. 马七进六　炮9进4

7. 车二进三　卒9进1（图163）

8. 兵三进一　卒9进1

9. 兵三进一　马7进9

10. 兵三平二　炮2进4

11. 车二退二　车9平7
12. 炮三平五！炮2退5
13. 车九进一　马9进8
14. 车二平三　炮2平5
15. 炮八进四　车1平2
16. 炮八平五　车2进4？
17. 车三进八！炮5进2
18. 车三平二　炮5进4
19. 相七进五　车2平4
20. 车九平四　士4进5
21. 车四进三　卒1进1
22. 兵九进一　卒1进1
23. 车二退三　卒1平2
24. 马六退七　卒2进1

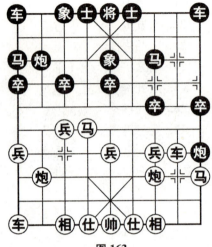

图 163

25. 马七进六　卒2平3
27. 车二平四　车4平8
29. 兵五进一　炮9平5
31. 相三进一　卒9平8
33. 兵五进一　卒8进1

26. 车四平三　前卒平4
28. 车四退一　车8退1
30. 仕四进五　马8进9
32. 车三平四　卒8进1
34. 相一退三　卒8进1
35. 前车进一　车8进1
36. 马六进四　车8平7
37. 帅五平四　炮5平9
38. 后车平三　炮9进3
39. 帅四进一　卒8平7
40. 帅四进一　卒4平5
41. 马四退五　车7平5
42. 马五进四　车5平4
43. 车三平一　炮9平8
44. 车一平二　车4进2
45. 马四进六　车4平7
46. 车四进三！！（图164）

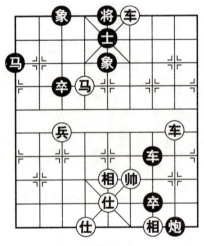

图 164

第 83 局　王天一胜吕钦

1. 兵七进一　卒 7 进 1
2. 炮二平三　炮 8 平 5
3. 兵三进一　炮 5 进 4
4. 兵三进一　炮 2 进 2（图 165）
5. 炮三进七！将 5 进 1
6. 兵七进一　炮 2 平 7
7. 兵七平六　炮 7 进 1
8. 帅五进一　炮 7 平 5
9. 帅五平六　马 8 进 7
10. 炮三平六　将 5 退 1
11. 马二进三　前炮平 7
12. 兵九进一！将 5 平 4
13. 车九进三　马 7 进 6
14. 车九平四　马 2 进 3
16. 炮八进二　马 6 进 4
18. 车六进一　炮 2 进 4
20. 帅六进一　将 4 平 5
22. 马三进五　士 6 进 5
24. 车二进八　马 4 进 5
26. 车八退四　车 6 进 7
28. 车二进一　士 5 退 6
30. 相五进七　车 6 进 1
32. 相五退七　车 6 平 4
34. 车八平七　马 5 退 4
36. 马四进五！前车平 5
38. 帅四平五　车 4 退 6
40. 车七退一　车 4 退 1
42. 兵七平六　车 6 退 8
44. 马一退三　卒 5 进 1
46. 马三退五！（图 166）

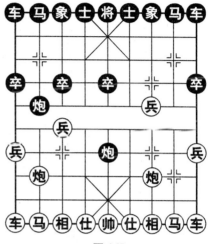

图 165

15. 马八进七　车 1 平 2
17. 车四平六！炮 5 平 2
19. 车一平二　车 2 进 8
21. 兵六进一　车 2 平 3
23. 兵六平七　马 3 退 4
25. 车六平八　车 9 平 6
27. 相七进五　车 6 退 1
29. 车八进九！炮 7 进 1
31. 相三进五　车 6 进 2
33. 帅六平五　炮 7 平 3
35. 马五进四　车 3 平 4
37. 帅五平四　车 5 平 6
39. 马五进三　将 5 进 1
41. 车七平六　将 5 平 4
43. 马三退一　车 6 进 1
45. 车二退一　士 6 进 5

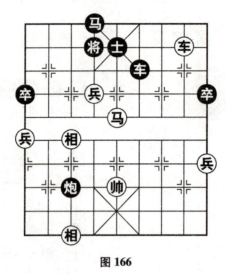

图 166

第 84 局　胡荣华胜黎金福

1. 兵七进一　卒 7 进 1	2. 炮二平三　象 7 进 5
3. 马二进一　马 8 进 7	4. 车一平二　车 9 平 8
5. 马八进七　马 2 进 1	6. 相七进五　车 1 进 1
7. 炮八平九　车 1 平 8	8. 车九平八　炮 2 平 4（图 167）
9. 仕六进五　士 6 进 5	10. 兵一进一　炮 8 平 9
11. 车二进八　车 8 进 1	
12. 兵九进一　车 8 进 3	
13. 车八进八　卒 9 进 1	
14. 兵一进一　车 8 平 9	
15. 炮三退一　炮 9 平 8	
16. 马七进八　卒 7 进 1	
17. 兵三进一　车 9 平 5	
18. 兵五进一！车 5 平 6	
19. 马八进九　马 7 进 8	
20. 车八退五　马 1 退 3	
21. 马九进七　马 3 进 1	
22. 炮九平八　马 8 退 6	
23. 马一进三　车 6 平 8	

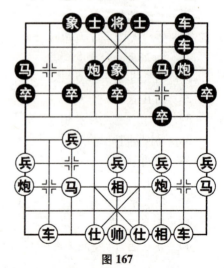

图 167

24. 兵三进一 车8进2
25. 车八平五! 马6进5
26. 车五进一 车8平7
27. 炮三进一 车7退2
28. 车五进二 炮4进3
29. 马七退九 炮4平1
30. 马九退八 炮1平3
31. 车五平二 炮8平6
32. 车二退二 炮3退1
33. 炮三平一 炮6平9
34. 马八退六 马1进2
35. 炮八进二 炮3平5
36. 车二进五 士5退6
37. 车二退三 马2进4
38. 车二平八 炮9平7
39. 炮一进七 士6进5
40. 相三进一 马4进6
41. 车六平二 马6进7
42. 帅五平六 炮5平4
43. 马六进四 炮4退3?
44. 车二进三! 士5退6
45. 炮八平五! 象5进3
46. 车二退四 将5进1
47. 马四进五 (图168)

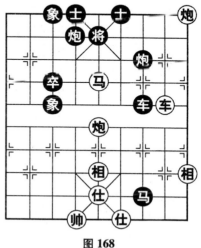

图 168

第 85 局　卜凤波胜陈孝堃

1. 兵七进一 卒7进1
2. 炮二平三 炮2平5
3. 炮八平五 炮5进4?
4. 仕六进五 象7进5 (图169)
5. 马八进七 炮5退2
6. 车九平八 马2进3
7. 马二进一 马8进7
8. 马七进五 炮5进3
9. 相三进五 马7进8
10. 马五进六 车9平8
11. 车八进六 马8进9
12. 炮三平四 炮8平6
13. 车八平七 车1进2

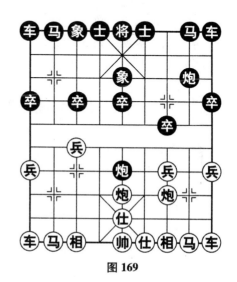

图 169

14. 马一退三　马9退8　　15. 车一平二　马8退7

16. 车二进九　马7退8　　17. 马三进四!　炮6进5

18. 仕五进四　马3退5　　19. 车七平五　马5进7

20. 车五平三　士4进5　　21. 马六进四　将5平4

22. 后马进五　车1退1　　23. 仕四进五　车1平2

24. 马五进七　车2平3　　25. 马四退六　马8进6

26. 车三平六　将4平5　　27. 兵七进一!　马7进5

28. 马六进四　士5进4　　29. 马四进三　将5平4

30. 兵九进一　卒9进1　　31. 兵七平八　卒9进1

32. 兵八进一　车3进1　　33. 兵八平九　车3平2

34. 车六退一　卒9平8　　35. 后兵进一　象5进3

36. 马七退五　卒8进1

37. 兵三进一　卒7进1

38. 相五进三　卒8平7

39. 车六进一　车2退1

40. 前兵平八　车2平3

41. 兵九平八　车3平1

42. 马五进七　卒7平6

43. 前兵进一　车1进8

44. 马七进八!　将4进1

45. 车六平七　将4平5

46. 马八退六　象3进1

47. 马六退四　将5进1

48. 车七平五（图170）

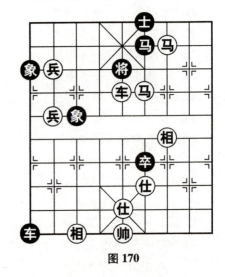

图170

第86局　林宏敏胜蔡福如

1. 兵七进一　卒7进1　　2. 炮二平三　炮8平5

3. 炮八平五　马8进7　　4. 马八进七　马2进1

5. 马二进一　车9平8　　6. 车九平八　车1平2

7. 兵一进一　卒1进1　　8. 车一进一　士6进5

9. 车一平四　炮2平3　　10. 车八进九　马1退2（图171）

11. 车四进三　象7进9　　12. 仕六进五　马2进1

13. 炮五平四　马1进2　　14. 相七进五　炮3平1

15. 兵三进一　车8进4

16. 兵七进一　马2进1

17. 兵七进一　卒7进1

18. 车四平三　马7进6

19. 车三平四　马6退7

20. 马一进三　车8平3

21. 兵七进一！象9进7

22. 兵七平八　炮1进1

23. 车四平八　马1退2

24. 马三进五　炮5进3

25. 炮三进五　炮5退1

26. 炮四平二！象7退5

27. 炮二进七　士5进6

28. 车八平二！炮5平8

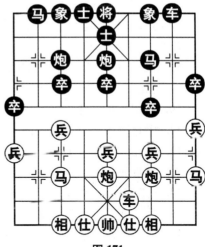

图 171

29. 马七进六　车3平4

30. 马六进八　车4平2

31. 兵八平七　车2平7

32. 炮三平一　炮8退1

33. 兵七进一　将5进1

34. 炮一进二　将5平6

35. 兵七平六　车7平4

36. 炮二退一　将6退1

37. 兵六进一！将6进1

38. 炮一退一　将6退1

39. 兵六平七　象5退3

40. 车二平四　炮8平6

41. 炮二退二　卒9进1

42. 炮二平五　车4平5

43. 炮五平八　将6进1

44. 炮八进三　炮6平5

45. 车四平二　士6退5

46. 车二进四　将6进1

47. 炮一平五　炮5进3

48. 炮八退一（图172）

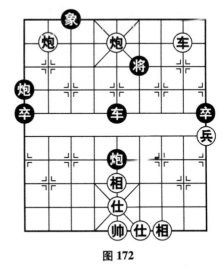

图 172

第87局　许国义胜程进超

1. 兵七进一　卒7进1

2. 炮二平三　炮8平5

3. 炮八平五　炮 5 进 4
5. 马八进七　炮 5 退 2
7. 车一平二　车 9 平 8
8. 车二进九　马 7 退 8（图 173）
9. 炮五进一　马 8 进 7
10. 车九平八　马 2 进 4
11. 相七进五　士 4 进 5
12. 炮五平四　车 1 平 3
13. 炮四进五　士 5 退 4
14. 兵三进一　卒 3 进 1
15. 兵三进一　卒 3 进 1
16. 马七进五　卒 3 平 4
17. 兵三进一　马 7 退 9
18. 马一进三　卒 4 进 1
19. 马五进四　车 3 进 5
20. 马四进五！炮 5 退 2
22. 炮四平二　象 7 进 5
24. 车八进五　车 3 退 3
26. 马五进三　将 5 平 4
28. 炮二退一！象 7 进 5
30. 兵三平二　马 9 进 8
32. 车八进一　马 4 进 6
33. 兵二平三　卒 4 平 5
34. 炮二进三　将 4 进 1
35. 炮三平四　后卒进 1
36. 仕五进六　后卒进 1
37. 车八平九　炮 2 平 1
38. 车九平六　士 5 进 4
39. 车六平八　炮 1 平 2
40. 仕四进五　前卒进 1
41. 相三进五　卒 5 进 1
42. 相五进七　马 6 退 5
43. 相七退九　卒 5 进 1
44. 炮四进六　马 5 进 6

4. 仕六进五　象 3 进 5
6. 马二进一　马 8 进 7

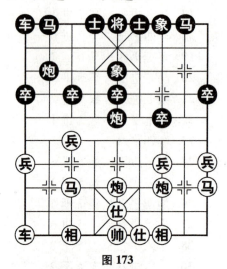

图 173

21. 马三进四　炮 5 平 4
23. 炮二进一　象 5 退 7
25. 马四进五！士 4 进 5
27. 马三退二！炮 4 平 8
29. 兵三进一　马 4 进 3
31. 炮二退二　马 3 进 4

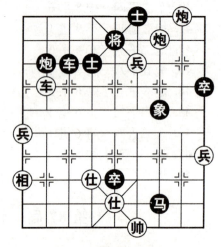

图 174

45. 兵三平四　马6进7　　　　46. 帅五平四　象5进7

47. 兵九进一　将4平5　　　　48. 炮四平三（图174）

第88局　张强负胡荣华

1. 兵七进一　卒7进1　　　　2. 炮二平三　象3进5

3. 马二进一　马8进7　　　　4. 车一平二　车9平8

5. 车二进六　炮8平9　　　　6. 车二进三　马7退8

7. 炮八平五　马8进7

8. 车九进一　车1进1（图175）

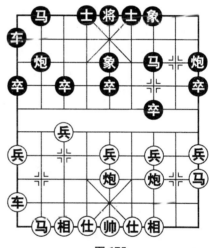

图175

9. 车九平四　车1平4

10. 马八进七　车4进3

11. 车四进三　马2进3

12. 兵一进一　卒3进1

13. 炮五退一　马7进8

14. 炮三平四　炮2退1

15. 炮五平四? 卒3进1!

16. 车四进五　将5进1

17. 仕四进五　卒3进1

18. 马七退九　车4进1

19. 车四退二　卒7进1

20. 兵三进一　车4平7　　　　21. 后炮平三　炮9进3

22. 相七进五　车7进2!　　　　23. 车四退二　车7平8

24. 车四退二　马3进4　　　　25. 兵五进一　炮2平1

26. 马九进七　将5退1　　　　27. 炮三进七　炮1平2

28. 马七退八　炮2进5　　　　29. 车四进二　炮9退1!

30. 炮三平二　炮9平6　　　　31. 炮二退六　马8进7

32. 炮二进七　炮6退4!　　　　33. 炮二平四　马7进9

34. 相三进一　将5平6　　　　35. 马八进六　炮2退5

36. 炮四进三　卒3进1　　　　37. 仕五退四　卒3平4

38. 马六进四　卒4平5　　　　39. 马四进三　马4进3

40. 马三进四　将6平5　　　　41. 炮四平二　马3进1

42. 仕六进五　马1进3　　　　43. 帅五平六　炮2平4

44. 马四进三　将5平6　　　　45. 炮二进四　象7进9

46. 马三退五　士 4 进 5　　　　**47.** 马五退七　炮 4 进 1

48. 炮二退八　前卒平 4　　　　**49.** 马七退六　马 3 退 5（图 176）

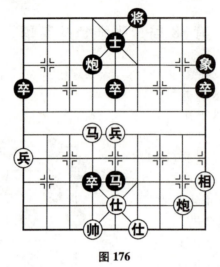

图 176

第 89 局　谢卓淼胜宇兵

1. 兵七进一　卒 7 进 1　　　　**2.** 炮二平三　象 7 进 5

3. 马二进一　马 8 进 7　　　　**4.** 车一平二　车 9 平 8

5. 车二进四　炮 8 平 9　　　　**6.** 车二进五　马 7 退 8

7. 炮八平五　车 1 进 1

8. 炮五进四　士 4 进 5（图 177）

9. 相七进五　马 8 进 7

10. 炮五退二　马 2 进 3

11. 马八进七　马 3 进 5

12. 车九平八　炮 2 平 1

13. 兵一进一　车 1 平 4

14. 马一进二　马 5 进 6

15. 炮三平二　车 4 进 2

16. 车八进六　马 6 进 8?

17. 兵七进一　卒 7 进 1

18. 相五进三　马 7 进 6

19. 车八平七!　车 4 平 3

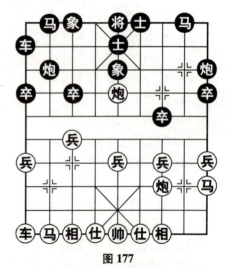

图 177

20. 兵七进一　马6进7	**21.** 炮五平八　马7进6
22. 炮二平五　炮9进3	**23.** 炮八进五　士5退4
24. 马二进三！马6退7	**25.** 仕六进五　马7进5
26. 相三退五　象5进7	**27.** 兵七进一　士6进5
28. 兵七平八　炮1退1	**29.** 炮八退一　炮1退1
30. 兵八平九　炮1平2	**31.** 前兵进一　象3进5
32. 马七进六　马8退6	**33.** 马六进四　马6退4
34. 兵五进一　马4退2	**35.** 马四进六！士5进4
36. 前兵进一　炮2平3	
37. 马六进八　马2进4	
38. 炮八平七　士4进5	
39. 兵五进一　马4进3	
40. 兵五进一　炮3平4	
41. 炮七平六　炮9平2	
42. 马三退五　马3退2	
43. 马八退六　马2进4	
44. 前兵平八　将5平6	
45. 兵八平七　炮4平5	
46. 马五进三　士5退4	
47. 兵五进一　象7退5	
48. 炮六平一！炮5平3	
49. 马三进二（图178）	

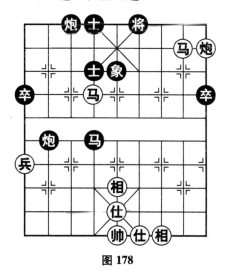

图 178

第90局　金松负洪智

1. 兵七进一　卒7进1	**2.** 炮二平三　炮8平5
3. 炮八平五　马8进7	**4.** 马八进七　马2进1
5. 马二进一　车9平8	**6.** 车九平八　车1平2
7. 车一平二　车8进9	**8.** 马一退二　士6进5（图179）
9. 炮三进三　炮2平3	**10.** 车八进九　马1退2
11. 炮三进一　卒3进1	**12.** 马七进六　卒3进1
13. 马六进四　炮3进1	**14.** 炮五平三？炮3进6！
15. 帅五进一　马7退9	**16.** 相三进五　炮3退3
17. 后炮平二　炮5平8	**18.** 炮二平一　炮3平4

19. 炮一进四　马 2 进 3
20. 马二进三　卒 3 进 1
21. 兵三进一　象 7 进 5
22. 兵一进一　卒 5 进 1
23. 炮三平七　马 3 进 5
24. 马三进二　炮 4 平 1
25. 马二进三　马 9 进 7
26. 兵一进一　炮 1 退 2!
27. 马四进三　马 5 退 7
28. 炮七进一　士 5 进 4
29. 炮七退三　炮 1 进 2
30. 马三退五　炮 1 平 5
31. 相五退三　士 4 进 5
32. 炮一平四　马 7 进 5
34. 炮五进二　卒 1 进 1
36. 相三进一　炮 7 平 6
38. 炮一退一　炮 5 进 1
39. 帅五平四　卒 1 进 1
40. 兵三进一　卒 1 进 1
41. 兵三进一　卒 1 平 2
42. 炮一进四　象 3 进 1
43. 兵三进一　卒 3 平 4
44. 兵二进一　卒 2 平 3
45. 兵二进一　卒 4 进 1
46. 兵三进一　将 5 平 4
47. 炮五平六　将 4 平 5
48. 炮六平五　将 5 平 4
49. 炮一退六　卒 3 进 1
50. 炮一进二　卒 4 进 1!（图180）

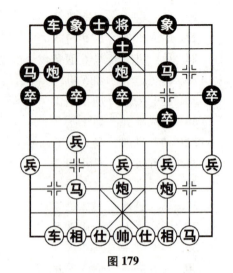

图 179

33. 炮七平五　炮 5 退 2
35. 兵一平二　炮 8 平 7
37. 炮四平一　炮 6 进 4!

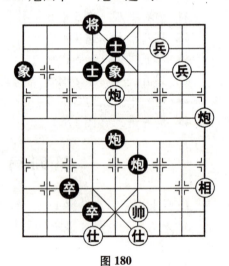

图 180

第 91 局　李来群胜张影富

1. 兵七进一　卒 7 进 1
2. 炮二平三　象 7 进 5
3. 马二进一　马 8 进 7
4. 车一平二　车 9 平 8

5. 车二进六　炮8平9

6. 车二进三　马7退8

7. 炮八平五　马2进3

8. 车九进一　车1进1

9. 车九平二　马8进6

10. 车二进七　车1平4

11. 车二平三　炮9平8?

12. 兵三进一　卒7进1（图181）

13. 马八进七　炮2退1

14. 车三退四　车4进3

15. 马一进三　卒3进1

16. 兵七进一　车4平3

17. 车三平二　士6进5

18. 炮五平四　马3进2

19. 相三进五　车3平4

20. 车二平四　马6退8

21. 仕四进五　炮8平7

22. 炮三平二!　车4平7

23. 车四平二　马8进6

24. 马三进五　车7平6

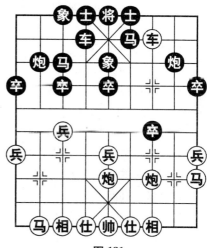

图181

25. 炮二退二　炮7退2

26. 炮二平四　车6平5

27. 兵一进一　马6进7

28. 车二进五　炮7平6

29. 前炮平一　马7退8

30. 炮四进八!　士5进6

31. 炮一平四　车5平8

32. 前炮平三　炮6平7

33. 炮三退八　车8进5

34. 炮四退二　车8退6

35. 马五进三　将5进1

36. 炮三进九　象5退7

37. 车二平三　将5平4

38. 马三退五　卒5进1

39. 车三退四!　车8平5

40. 马五进七　车5退1

41. 后马进六　马2退3

42. 马六进七　车5平4

43. 后马进五　将4平5

44. 马五进七　车4平3

45. 马七退五　象3进5

46. 车三平二　车3进2

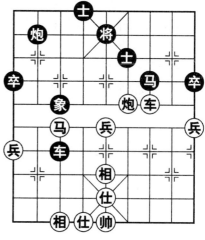

图182

47. 兵五进一　马8进7　　　**48.** 炮四进五　车3进2

49. 马五退七　象5进3　　　**50.** 车二平三（图182）

第 92 局　聂铁文胜陈富杰

1. 兵七进一　卒7进1　　　**2.** 炮二平三　炮8平5

3. 马八进七　马8进7　　　**4.** 相七进五　马2进1

5. 车一进一　炮2平3　　　**6.** 车一平六　车1平2

7. 车九平八　士6进5　　　**8.** 仕六进五　象7进9

9. 马二进一　车9平6

10. 兵一进一　卒1进1（图183）

11. 炮八进四　车6进5

12. 车六进四　车6退1

13. 车六进一　车6进1

14. 炮三平四　车6平9

15. 车六退一　车9平6

16. 车六平九　卒9进1

17. 兵九进一　卒9进1

18. 马一退三　炮3平4

19. 车九平六　车6退1

20. 车六平四　马7进6

21. 马三进四　马6退7

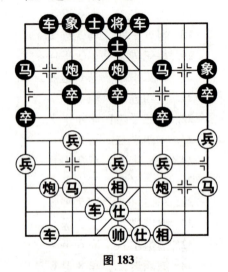

图 183

22. 兵九进一　卒9平8　　　**23.** 兵五进一　马1退3

24. 炮八进二　车2平1　　　**25.** 马四进六　车1进4

26. 马六进七　车1退1　　　**27.** 前马进五　马3进5

28. 车八进五　马5进7　　　**29.** 炮八退一　炮4进4

30. 车八退二　车1平4　　　**31.** 兵七进一　前马进9

32. 兵七进一！车4进1　　　**33.** 炮八进二　马9进8

34. 炮四平二　象9退7　　　**35.** 兵七进一　炮4平2

36. 兵七进一　象7进5　　　**37.** 车八进一　卒7进1

38. 兵三进一　卒8平7　　　**39.** 兵五进一　卒5进1

40. 车八平三　马7进5　　　**41.** 车三平二　马5进7

42. 相五进三！车4进2　　　**43.** 车二进五　士5退6

44. 马七进八　车4退1？　　**45.** 马八进七　车4退2

46. 马七进九 车 4 退 1　　　　**47.** 车二退六 炮 4 退 3

48. 马九退七！炮 4 平 5　　　　**49.** 仕五进六 车 4 平 3

50. 兵七平六！（图 184）

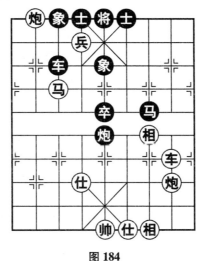

图 184

第 93 局　赵国荣胜谢岿

1. 兵七进一 卒 7 进 1　　　　**2.** 炮二平三 炮 8 平 5

3. 马八进七 马 8 进 7　　　　**4.** 相七进五 马 2 进 1

5. 车一进一 炮 2 平 3

6. 车一平六 车 1 平 2

7. 车九平八 士 6 进 5

8. 仕六进五 象 7 进 9

9. 马二进一 车 9 平 6

10. 兵一进一 卒 1 进 1

11. 炮八进四 车 6 进 5

12. 车六进四 车 6 退 1

13. 车六进一 车 6 进 1

14. 炮三平四 车 6 平 9

15. 车六退一 车 9 平 6

16. 车六平九 卒 9 进 1（图 185）

17. 兵九进一 卒 9 进 1

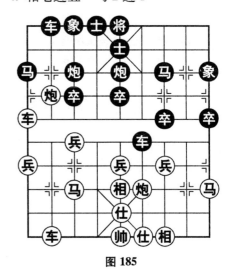

图 185

18. 车九平六　车6退1　　19. 车六平四　马7进6

20. 兵九进一　炮3平4　　21. 兵九进一！马1退3

22. 炮八平五　车2进9　　23. 马七退八　马6进5

24. 兵九平八　马5退6　　25. 兵八平七　马6进4

26. 炮五退一！马4退5　　27. 炮五平九　士5进6

28. 马一退三　马5进6　　29. 炮九平五　马6退5

30. 炮五平七　马5进3　　31. 后兵进一　士6退5

32. 炮四进二　炮5平7　　33. 前兵进一！炮4平5

34. 前兵进一　卒7进1　　35. 兵三进一　象3进1

36. 后兵平六　炮5进3　　37. 马八进九　炮7进6

38. 马九进七　炮5平2

39. 马七进八　卒9平8

40. 马八进九　卒8平7

41. 相五进三　炮2平7

42. 相三进五　后炮退4

43. 炮四平八　将5平6

44. 炮八进五　将6进1

45. 马九退七　象9进7

46. 仕五进四　士5进4

47. 兵七平六　士4进5

48. 炮八平三　前炮平8

49. 炮三退四　炮8退7

50. 炮三进一　将6退1

51. 炮三平六（图186）

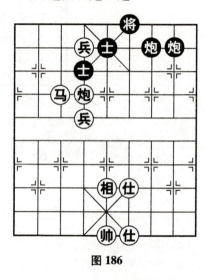

图 186

第 94 局　洪智胜郑一泓

1. 兵七进一　卒7进1　　2. 炮二平三　炮8平5

3. 马八进七　马8进7　　4. 相七进五　马7进6

5. 仕六进五　马2进3　　6. 马二进一　炮2平1

7. 车一进一　车1平2　　8. 车一平四　马6进5（图187）

9. 马七进六　车9进1　　10. 车四进二　车9平4

11. 马六进七　车4进2　　12. 兵七进一　车2进3

13. 兵三进一　卒7进1　　14. 炮三进七　士6进5

15. 炮八进三　马5进3
16. 车四平二　炮5平8
17. 车九平七　前马退4
18. 炮三退三！卒5进1
19. 炮八平五　将5平6
20. 兵七平六！车4平7
21. 马七退六　炮8进3
22. 车七进七　炮8平4
23. 车七退三　炮1平4
24. 炮五退二　车7平6
25. 炮五平四　将6平5
26. 炮四平七　车2进6
27. 炮七退三　将5平6
28. 车二平五　卒7平6

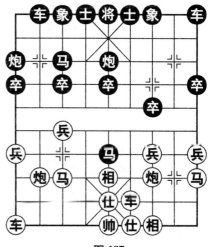

图 187

29. 马一进三　卒6进1
30. 马三进二　车6退1
31. 车五进三　卒6进1
32. 仕五进四　车6进5
33. 仕四进五　车6退5
34. 车五平一　后炮平5
35. 车一平四　车6进1
36. 马二进四　炮4平8
37. 帅五平六　炮8进4
38. 仕五退四　炮8平6
39. 车七进五　炮6平3
40. 相五退七　车2退3
41. 马四进五　车2平4
42. 帅六平五　车4平5
43. 帅五平六　车5平4
44. 帅六平五　车4退2
45. 马五退七　车4平5
46. 帅五平六　车5平3
47. 车七平六　将6进1
48. 车六退一　将6退1
49. 马七退五　车3进5
50. 帅六进一　将6平5
51. 车六退一（图188）

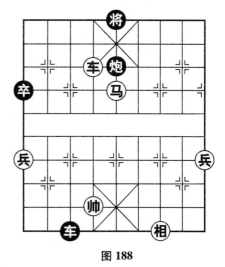

图 188

99

第 95 局　许银川胜景学义

1. 兵七进一　卒 7 进 1　　2. 炮二平三　炮 8 平 5
3. 炮八平五　马 8 进 7　　4. 马八进七　马 2 进 1
5. 车九平八　车 1 平 2　　6. 马二进一　车 9 平 8
7. 兵一进一　士 6 进 5　　8. 车一进一　马 7 进 6
9. 炮五进四　车 8 进 7　　10. 炮三平五　炮 2 进 5
11. 车八进一　炮 2 平 5　　12. 相七进五　车 2 进 8
13. 车一平八　车 8 退 4
14. 炮五退二　车 8 平 5（图 189）
15. 炮五平四　马 6 进 4
16. 马七进六　车 5 进 3
17. 仕四进五　车 5 退 1
18. 炮四平二　车 5 平 4
19. 车八进四　象 7 进 9
20. 兵七进一　卒 1 进 1
21. 车八平九　炮 5 进 4
22. 兵七进一　马 1 进 3
23. 车九平七　马 3 退 5
24. 车七进四　马 5 进 4
25. 车七退四　将 5 平 6

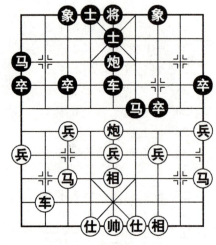

图 189

26. 炮二退四！炮 5 退 2　　27. 车七退二　车 4 平 6
28. 车七平六　马 4 进 2　　29. 车六平八　马 2 退 3
30. 车八平五　炮 5 进 1　　31. 仕五进四　马 3 进 4
32. 仕六进五　士 5 进 4?　　33. 炮二进一！马 4 进 3
34. 仕五进六　车 6 进 2　　35. 车五进一　车 6 进 2
36. 帅五进一　车 6 退 1　　37. 帅五退一　车 6 平 8
38. 车五进三　士 4 退 5　　39. 车五平一　马 3 退 4
40. 车一进二　将 6 进 1　　41. 车一退三　马 4 进 2
42. 仕六退五　马 2 进 3　　43. 帅五平六　将 6 退 1
44. 车一平六　车 8 平 6　　45. 车六退五　马 3 退 2
46. 兵一进一　车 6 退 3　　47. 帅六平五　马 2 退 4
48. 车六进二　马 4 退 5　　49. 兵一平二　将 6 平 5

50. 车六平五	马 5 进 4	51. 兵二平三	车 6 进 3
52. 马一进二	马 4 进 3	53. 仕五进六	车 6 平 4
54. 马二退四（图 190）			

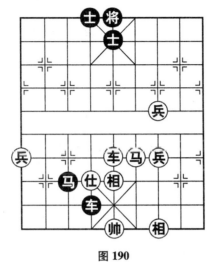

图 190

第 96 局　谢靖胜李鸿嘉

1. 兵七进一	卒 7 进 1	2. 炮二平三	炮 8 平 5
3. 炮八平五	马 8 进 7	4. 马八进七	马 2 进 1
5. 车九平八	车 1 平 2	6. 马二进一	车 9 平 8
7. 兵一进一	士 6 进 5		
8. 车一进一	马 7 进 6		
9. 炮五进四	车 8 进 7		
10. 炮三平五	炮 2 进 5		
11. 车八进一	炮 2 平 5		
12. 相七进五	车 2 进 8		
13. 车一平八	车 8 退 4		
14. 炮五退二	车 8 平 5		
15. 炮五平四	马 6 进 4		
16. 马七进六	车 5 进 3		
17. 仕四进五	车 5 退 1		
18. 炮四平二	车 5 平 4 （图 191）		

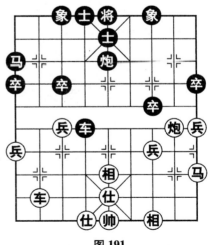

图 191

19. 车八进四　象 7 进 9　　20. 兵七进一　卒 3 进 1

21. 车八平七　车 4 平 6　　22. 车七进四！将 5 平 6

23. 炮二退四！车 6 退 2　　24. 车七退五　士 5 进 4

25. 马一进二　马 1 进 3　　26. 车七平五　炮 5 退 1

27. 炮二平一　象 9 退 7　　28. 马二进一　将 6 平 5

29. 炮一进三　车 6 进 5　　30. 炮一平二　象 7 进 5

31. 车五平二　炮 5 平 2　　32. 车二进五　将 5 进 1

33. 车二平六　车 6 退 5　　34. 马一进三　车 6 退 1

35. 马三退一　车 6 进 1　　36. 马一进三　车 6 退 1

37. 马三退一　炮 2 进 8　　38. 相五退七　炮 2 退 6

39. 车六退二！车 6 平 8　　40. 马一退三！车 8 进 2

41. 马三退五　车 8 进 2

42. 车六平八　炮 2 进 2

43. 马五进四　将 5 平 6

44. 车八退一　车 8 平 7

45. 车八平七　车 7 进 3

46. 仕五退四　车 7 退 6

47. 车七平九　炮 2 平 8

48. 车九进二　将 6 退 1

49. 车九进一　将 6 进 1

50. 车九平二　炮 8 平 3

51. 马四退六　车 7 平 5

52. 仕四进五　炮 3 平 5

53. 相七进五　车 5 平 7

54. 车二平四（图 192）

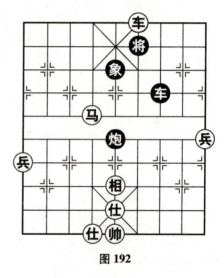

图 192

第 97 局　李来群负赵国荣

1. 兵七进一　卒 7 进 1　　2. 炮二平三　象 7 进 5

3. 马二进一　炮 8 进 4　　4. 马八进七　马 8 进 7

5. 车九进一　炮 2 平 3　　6. 相三进五　马 2 进 1

7. 车九平四　车 1 平 2　　8. 炮八平九　车 2 进 6（图 193）

9. 仕六进五　卒 3 进 1　　10. 车一平二　车 9 平 8

11. 车四进三　卒 3 进 1　　12. 车四平七　炮 3 进 5

13. 炮三平七　炮8平5!

14. 车二进九　马7退8

15. 兵九进一　卒9进1

16. 炮七平六　车2平1

17. 兵三进一　卒7进1

18. 车七平三　马1进3

19. 马一退二　马3进5!

20. 车三平五　马8进6

21. 马二进三　炮5平7

22. 炮六进三　马6进8

23. 车五退一　车1平5

24. 马三进五　炮7退3

25. 马五进四　马8进7

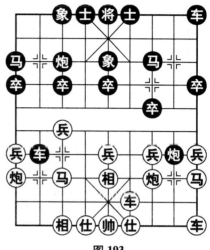

图 193

26. 炮九进一　士6进5

28. 马五进三　马4退3

30. 炮六平九　马3进2

32. 炮一平二　炮6进2!

34. 炮二平三　卒5进1

36. 炮三进四　象5进7

38. 马三进一　炮6平5

40. 马一进三　卒6平5

42. 帅五平六　炮5平4

43. 帅六平五　马2进3

44. 帅五平六　炮4退3

45. 炮二退一　卒5平4

46. 仕五进六　卒4进1

47. 炮二平六　炮4进4

48. 炮六平四　炮4平2

49. 马三退五　炮2进2

50. 相七进九　炮2退5

51. 相五进三　卒4进1

52. 马五进六　将5进1

53. 炮四进三　炮2进4

54. 炮四平五　将5平4（图194）

27. 马四退五　马5进4

29. 兵九进一　卒1进1

31. 前炮平一　炮7平6

33. 炮二退四　卒5进1

35. 炮九进三　炮6进1

37. 炮九平二　卒5平6!

39. 炮二退四　象3进5

41. 兵一进一　士5进6

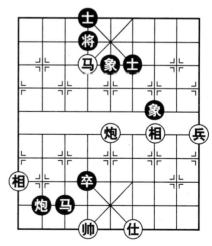

图 194

第 98 局　孙勇征胜黄仕清

1. 兵七进一　卒 7 进 1
2. 炮二平三　炮 8 平 5
3. 马八进七　马 8 进 7
4. 车一进一　马 2 进 1
5. 车一平六　士 6 进 5
6. 车六进四　象 7 进 9
7. 相三进五　车 9 平 6
8. 兵九进一　炮 2 平 4
9. 炮八平九　车 1 平 2
10. 炮九进四　车 6 进 6（图 195）
11. 车九进一　车 6 平 7
12. 兵九进一　车 2 进 6
13. 车九平三！车 2 平 3
14. 马二进四　车 7 平 8
15. 马七进九　马 1 退 3
16. 马九进八　车 3 进 2
17. 仕六进五　卒 5 进 1
18. 炮三平一　车 8 平 9
19. 炮一平三　车 9 平 8
20. 车三平一　马 7 进 6
21. 炮三退一　卒 7 进 1

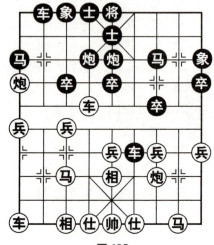

图 195

22. 兵五进一　炮 5 进 3
23. 马四进五！马 6 进 5
24. 炮三平七　炮 5 进 2
25. 相七进五　马 5 退 4
26. 炮七进五　马 3 进 1
27. 炮七退一！车 8 退 3
28. 车一平四　卒 5 进 1
29. 车四进四　马 4 退 5
30. 车四平五　车 8 平 2
31. 炮七进二　卒 7 平 6
32. 兵七进一　象 9 退 7
33. 兵七平六　马 5 进 7
34. 车五平二　马 7 进 9
35. 兵六进一　炮 4 平 5
36. 炮七退四　炮 5 进 5
37. 仕五进六　车 2 退 1
38. 兵六平七！士 5 退 6
39. 炮七进六　士 4 进 5
40. 炮七退二　马 1 退 2
41. 炮九平一　马 2 进 3
42. 兵七进一　车 2 进 1
43. 车二平一　象 7 进 9
44. 炮一平六　卒 5 进 1
45. 帅五平六　车 2 平 3
46. 仕四进五　象 9 退 7
47. 仕五进四　卒 6 进 1
48. 仕六退五　象 7 进 5
49. 车一平六　象 5 退 3

50. 炮六进二　士5进4　　　51. 炮六平七　车3平7

52. 兵七平六　士6进5　　　53. 兵六进一　车7平3

54. 炮七平九　将5平6　　　55. 车六平四（图196）

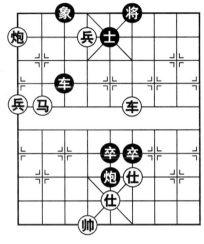

图 196

第99局　柳大华负吴贵临

1. 兵七进一　卒7进1　　　2. 炮二平三　炮2平5

3. 兵三进一　马8进9　　　4. 兵三进一　马2进3

5. 相三进五　车1平2

6. 马二进四　车9平8

7. 仕四进五　炮8平6

8. 马八进九　卒5进1（图197）

9. 车九平八　马3进5

10. 炮八进三　车2进1

11. 炮八平七　车2进8

12. 炮七进四　士4进5

13. 马九退八　马5进7

14. 马八进七　马7进6

15. 车一进一　炮5平2

16. 仕五退四　象7进5

17. 炮七平九　马9进7

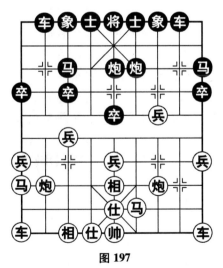

图 197

18. 马四进三　马7进8　　　　19. 炮三退二　车8进3

20. 炮九退二?　马8进7　　　　21. 车一平八　车8平4

22. 马三退一　将5平4　　　　23. 马一退三　马6进7

24. 车八平三　马7退5!　　　25. 车三平八　马5进3

26. 仕四进五　马3退4　　　　27. 车八进二　车4平7

28. 炮三进三　炮2平4　　　　29. 炮九平五　炮6平7

30. 炮三平二　车7平8　　　　31. 炮二平四　马4退6!

32. 炮四平六　车8平4　　　　33. 炮六进四　车4退1

34. 炮五退一　车4进1　　　　35. 车八平四　马6退5

36. 炮五平四　炮7进3　　　　37. 车四平三　炮7平6

38. 炮四进二　马5进7　　　　39. 炮四退三　卒5进1

40. 炮四平二　炮6退3　　　　41. 炮二进四　将4进1

42. 车三平八　马7进6　　　　43. 炮二退一　将4进1

44. 炮二退一　炮6退1

45. 炮二退三　车4平8

46. 车八平六　将4平5

47. 炮二平五　车8进6

48. 仕五退四　车8平6

49. 帅五进一　士5进4

50. 车六平三　车6退3

51. 车三进四　将5退1

52. 车三退二　将5退1

53. 车三平五　将5平4

54. 车五平四　车6进3

55. 炮五平六　将4平5

56. 帅五平六　马6进7

57. 车四平五　士6进5（图198）

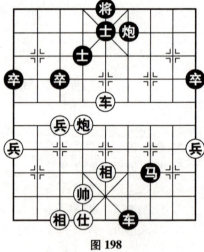

图198

第100局　许银川胜谢岿

1. 兵七进一　卒7进1　　　　2. 炮二平三　炮8平5

3. 马八进七　马8进7　　　　4. 相七进五　马7进6

5. 仕六进五　车9平8　　　　6. 炮三进三　马6进5

7. 马七进五　炮5进4　　　　8. 马二进三　炮5退2（图199）

9. 马三进五　　象3进5

10. 炮三平四　　车8进6

11. 炮八进一　　马2进4

12. 车一进二　　炮2平1

13. 车一平四　　车1平2

14. 炮八平七　　炮5进1

15. 炮四平六　　车2进6

16. 车九平七　　炮1进4

17. 炮六退二　　炮1进3

18. 车七平九　　车2平3

19. 车九平六　　士4进5

20. 车四进二　　卒5进1

21. 车四进一！马4进5

22. 车四平五　　马5进7

24. 马五进三　　车8平7

26. 马三进四　　士6进5?

28. 马五退七　　车4平3

30. 车八平七　　马5进7

32. 车九平四　　马6退5

34. 车四平六　　马4进3

36. 后车退三　　车1平3

38. 仕五进四　　将6平5

40. 后车进二　　将6平5

42. 后车平四　　马2进1

44. 车六平五　　车3平7

46. 仕四退五　　卒9进1

48. 车四退一　　士5进6

50. 兵七平八　　士6退5

52. 兵八进一　　马4退3

54. 兵八平七　　马4退2

56. 相五进七　　马1退3

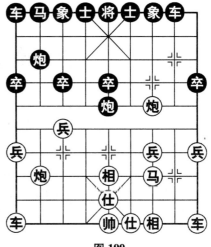

图 199

23. 车五平八！马7退5

25. 车八进四　　士5退4

27. 马四退五　　车7平4

29. 车八退三　　车3平9

31. 车七平九　　马7进6

33. 车六进五　　马5进4

35. 帅五平六　　车9平1

37. 前车退一　　将5平6

39. 仕四进五　　将5平6

41. 仕五进六　　马3退2

43. 帅六平五　　马1退3

45. 车四进四　　车7退4

47. 车五平一　　车7平6

49. 兵七进一　　马3退2

51. 帅五平四　　马2进4

53. 车一平六　　马3退4

55. 兵七平六　　马2进1

57. 车六平五（图200）

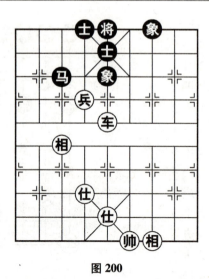

图 200

第 101 局　谢岿胜聂铁文

1. 兵七进一　卒 7 进 1	2. 炮二平三　炮 8 平 5
3. 马八进七　马 8 进 7	4. 相七进五　马 2 进 1
5. 车一进一　炮 2 平 3	6. 车一平六　车 1 平 2
7. 车九平八　车 2 进 4	8. 仕六进五　士 6 进 5
9. 炮八平九　车 2 平 5	10. 马二进一　卒 9 进 1（图 201）

11. 炮三平四　卒 9 进 1
12. 兵一进一　车 9 进 5
13. 炮九进四　马 7 进 6
14. 车八进三　车 9 进 1
15. 炮九退二　马 6 进 5
16. 马七进五　车 5 进 2
17. 车八平五　炮 5 进 4
18. 车六进二　炮 3 平 5
19. 车六进二！象 7 进 9
20. 炮四进一　车 9 退 3
21. 马一进二　车 9 进 5
22. 炮四进五　车 9 平 8？
23. 炮四平二　车 8 平 6

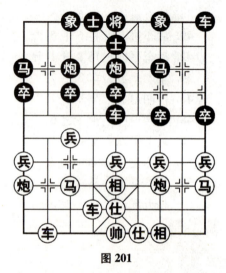

图 201

24. 马二进三	车 6 退 6	25. 炮九进二	车 6 平 7
26. 马三退一	前炮退 2	27. 炮二平一	车 7 退 1
28. 炮一进一	前炮平 9	29. 炮一退四	车 7 平 6
30. 兵九进一	车 6 进 5	31. 兵九进一	车 6 平 7
32. 兵七进一！	车 7 平 9	33. 炮一平二	车 9 平 8
34. 炮二平一	卒 3 进 1	35. 车六平七	车 8 平 9
36. 炮一平二	车 9 平 8	37. 炮二平一	士 5 进 4
38. 车七进四	车 8 退 2	39. 炮一进一	卒 7 进 1
40. 炮九平六！	车 8 平 1	41. 车七平六	将 5 进 1
42. 车六退一	将 5 退 1	43. 车六退一	象 9 进 7
44. 炮六平九	马 1 退 2	45. 炮一平四	炮 5 平 9
46. 车六平八	马 2 进 4		
47. 车八平五	将 5 平 6		
48. 车五平六	卒 5 进 1		
49. 炮九平五	卒 5 进 1		
50. 炮四退五	车 1 退 1		
51. 炮五退一	车 1 进 1		
52. 炮五进一	车 1 进 5		
53. 仕五退六	车 1 退 6		
54. 炮五退一	车 1 进 1		
55. 炮五进一	车 1 平 5		
56. 炮五平二	炮 9 平 5		
57. 仕六进五	车 5 退 1		
58. 炮二进二	将 6 平 5		
59. 车六进　！（图 202）			

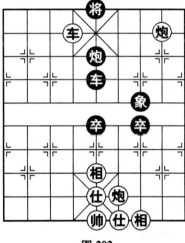

图 202

第 102 局　徐天红负郑一泓

1. 兵七进一	卒 7 进 1	2. 炮二平三	炮 8 平 5
3. 马八进七	马 8 进 7	4. 相七进五	马 7 进 6
5. 仕六进五	马 2 进 3	6. 车一进一	车 9 平 8
7. 车一平四	马 6 进 5	8. 马七进五	炮 5 进 4
9. 马二进一	炮 5 平 9	10. 车四进三	炮 2 平 1 （图 203）
11. 兵七进一	卒 3 进 1	12. 炮八平七	马 3 进 4

13. 车四平五　车8进3
14. 兵三进一　象7进5
15. 兵三进一　象5进7
16. 车九平八　象3进5
17. 车八进七　炮9退2
18. 炮七平九　马4进3
19. 车五平二　车8进2
20. 马一进二　炮9进5!
21. 相五退七　车1进1
22. 马二进一　马3进1
23. 相七进九　炮1进4
24. 炮三平五　炮1平5
25. 车八退四　炮5退2

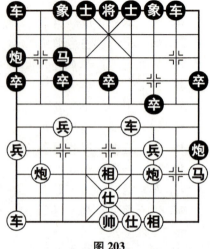

图 203

26. 车八平六　士4进5
27. 帅五平六? 炮5进4!
28. 马一退三　车1平2
29. 相九退七　车2进8
30. 帅六进一　车2退1
31. 帅六退一　车2进1
32. 帅六进一　炮5进1
33. 车六进三　车2退1
34. 帅六进一　车2平7
35. 马三退五　炮9退6!
36. 车六平五　炮5退4
37. 车五退二　车7退2
38. 车五平六　车7平5
39. 炮五退一　炮9进6
40. 相三进五　炮9退2
41. 相五退三　炮9平8
42. 车六进二　卒1进1
43. 帅六退一　卒3进1
44. 炮五进一　卒3进1
45. 车六平九　卒3平4
46. 仕四进五　炮8退2
47. 车九进三　士5退4
48. 帅六退一　炮8进4
49. 帅六进一　炮8退1
50. 帅六退一　士6进5
51. 车九退四　车5平7
52. 车九平二　车7进3
53. 仕五退四　车7平6
54. 炮五退二　炮8平5
55. 车二进四　士5退6
56. 车二退六　炮5退2
57. 车二进四　士6进5
58. 车二进二　士5退6
59. 车二退八　卒4进1（图204）

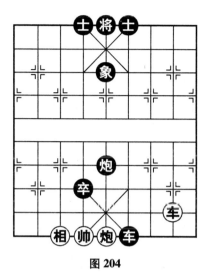

图 204

第二章　起马横车

第103局　李鸿嘉胜颜成龙

1. 兵七进一　卒7进1	**2.** 马八进七　象7进5
3. 车九进一　马2进1	**4.** 马七进六　马8进7
5. 炮二平五　炮2平3	**6.** 马二进三　车1平2
7. 炮八平七　炮8退1	**8.** 车一平二　炮8平5（图205）
9. 车九平六　炮3进3	**10.** 相七进九　炮3平2
11. 车二进六　车9进2	**12.** 仕六进五　炮2进2?
13. 马六进八!　象5进3	**14.** 帅五平六　炮5平4
15. 车六进七　士6进5	**16.** 炮五进四!（图206）

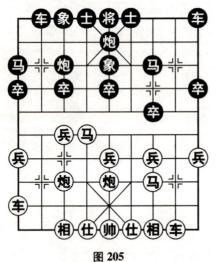

图205

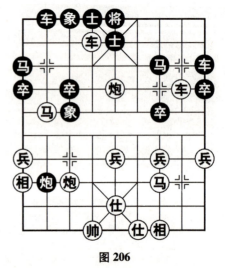

图206

第 104 局　彭述圣胜徐词海

1. 兵七进一　卒 7 进 1
2. 马八进七　马 8 进 7
3. 车九进一　马 2 进 1
4. 炮二平五　象 7 进 5
5. 马二进二　士 6 进 5
6. 车一平二　车 9 平 8
7. 车二进六　卒 1 进 1
8. 马七进六　炮 2 进 3？（图 207）
9. 马六进五！炮 2 退 2
10. 马五进三　炮 2 平 8
11. 前马进二　前炮退 3
12. 车九平四　车 1 平 2
13. 炮八平六　车 2 进 6
14. 炮六进六！车 2 退 4
15. 兵五进一　前炮平 7
16. 兵五进一　卒 7 进 1
17. 马三进五　卒 7 进 1
18. 车四平二　炮 8 平 6
19. 马五进四　炮 7 进 7
20. 仕四进五　象 5 进 7
21. 兵五进一　马 1 进 2
22. 兵五平六　象 7 退 5
23. 马四进二　炮 6 进 6
24. 马二进四　将 5 平 6
25. 车二进八　象 5 退 7
26. 马四进三（图 208）

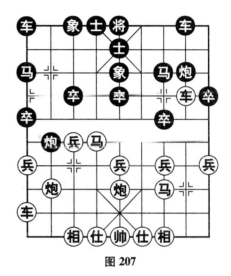

图 207

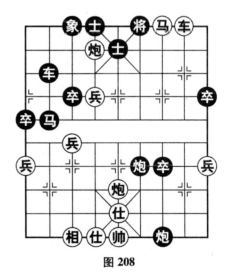

图 208

113

第105局　程吉俊胜窦超

1. 兵七进一　卒7进1
2. 马八进七　马8进7
3. 车九进一　马2进3
4. 车九平三　车1进1
5. 兵三进一　卒7进1
6. 车三进三　炮8退1（图209）
7. 马二进三　炮8平7
8. 车三平二　炮7进6
9. 炮八平三　马7进6
10. 车二平四　车1平7
11. 炮三平六　车7进3
12. 相三进五　车9平8
13. 炮二平四　马6退7
14. 车一平三　车7进5
15. 相五退三　车8进4
16. 炮六退一！卒3进1
17. 炮六平七　卒3进1
18. 车四平七　马3进4
19. 车七进五　炮2平5
20. 仕六进五　马4进5
21. 马七进八　车8平2
22. 马八退六　车2平4
23. 车七退六　马5退7
24. 炮四平五　前马退5
25. 马六进七　车4退1
26. 车七平三　车4进1
27. 车三平七　车4退1
28. 马七退五！车4进2
29. 马五进三　车4进1？
30. 马三进四　将5进1
31. 车七进五　车4退5

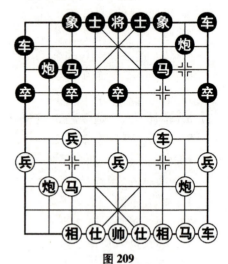

图209

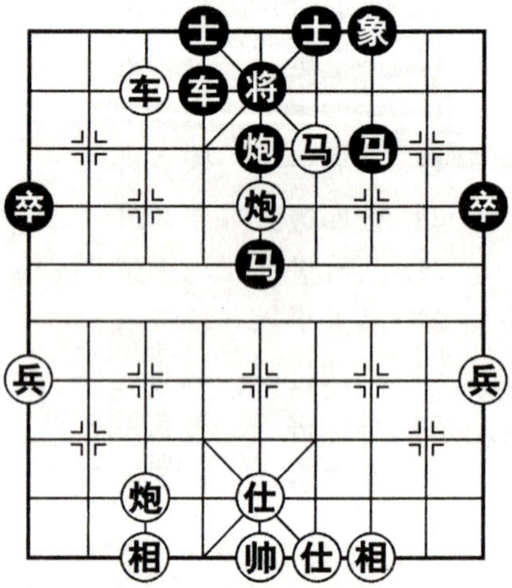

图210

32. 炮五进四！（图210）

第 106 局　许银川胜吴贵临

1. 兵七进一　卒 7 进 1
2. 马八进七　马 8 进 7
3. 车九进一　象 3 进 5
4. 相三进五　车 9 进 1
5. 马二进四　马 2 进 4
6. 车一平三　车 1 平 3
7. 马七进六　卒 3 进 1
8. 炮八平七　车 9 平 6（图 211）
9. 兵三进一　马 7 进 6

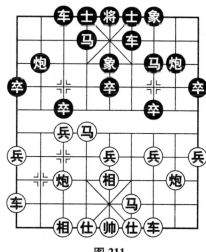

图 211

10. 马六进四　车 6 进 3
11. 兵三进一　车 6 平 7
12. 车三进五　象 5 进 7
13. 马四进三　象 7 退 5
14. 马三进四　马 4 进 6
15. 炮二平三　卒 5 进 1
16. 车九平八　炮 2 平 3
17. 车八平二　炮 8 平 9
18. 炮七退一　卒 3 进 1
19. 炮七平四　车 3 进 1
20. 炮四进六　炮 3 平 6
21. 马四进二　炮 6 进 1
22. 炮三平四　卒 3 平 4
23. 车二进四　炮 6 平 7
24. 车二平五　车 3 平 8
25. 马二退三　炮 7 进 1
26. 车五进一　车 8 进 5
27. 车五平一　士 6 进 5
28. 仕六进五　炮 9 平 6
29. 炮四进三！　车 8 平 6
30. 炮四平八　车 6 退 1？
31. 车一平七！　将 5 平 6
32. 炮八进四　将 6 进 1
33. 车七平三　炮 6 进 2？

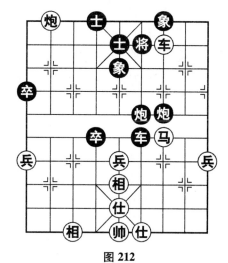

图 212

34. 车三进二（图 212）

第 107 局　王鑫海负洪磊鑫

1. 兵七进一　卒 7 进 1　　　2. 马八进七　马 8 进 7
3. 车九进一　马 2 进 3　　　4. 相三进五　车 1 进 1
5. 炮二进四　象 3 进 5
6. 马二进三　车 1 平 4
7. 车一进一　马 7 进 8
8. 车九平六　车 9 进 1（图 213）
9. 炮八平九　炮 2 退 2
10. 炮二平七　马 8 进 7
11. 车六进七　车 9 平 4
12. 炮七平一?　车 4 进 5
13. 马七进八　马 3 进 2!
14. 兵七进一　炮 2 进 5
15. 车一平八　炮 2 进 1
16. 兵七平八　炮 2 平 5
17. 马三进五　车 4 平 5

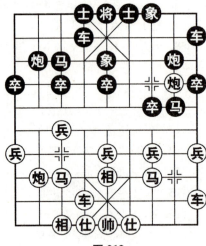

图 213

18. 炮九进四　炮 8 进 7!
19. 仕四进五　马 7 退 5
20. 炮一平三　车 5 平 8
21. 车八进三　炮 8 平 9
22. 帅五平四　车 8 退 1
23. 车八平七　车 8 平 6
24. 帅四平五　士 6 进 5
25. 炮三平一　炮 9 平 8
26. 炮一进三　象 7 进 9
27. 炮九进三　象 5 退 3
28. 车七进五　将 5 平 6
29. 仕五进四　马 5 进 6
30. 帅五进一　将 6 进 1
31. 炮九退一　将 6 退 1
32. 车七退五　马 6 进 7
33. 帅五平六　车 6 进 3
34. 仕六进五　车 6 平 5
35. 帅六进一　车 5 平 6（图 214）

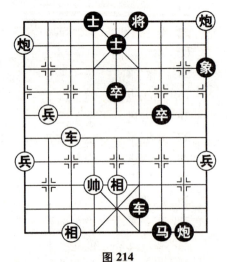

图 214

第108局 王天一胜李林

1. 兵七进一 卒7进1　　　2. 马八进七 马8进7

3. 车九进一 炮2平5　　　4. 马二进三 马2进3

5. 炮二进二 车1进1

6. 相三进五 车1平4

7. 车九平四 炮8平9

8. 车一平二 车9平8（图215）

9. 马七进八 车4进4

10. 炮二进二 卒3进1

11. 马八进七 炮5平4

12. 兵七进一！ 炮4进7

13. 炮二平三 车8进9

14. 炮三进三 士6进5

15. 马三退二 炮9进4

16. 马二进三 炮9进3

17. 仕四进五 炮4退1

18. 仕五退六 车4平8

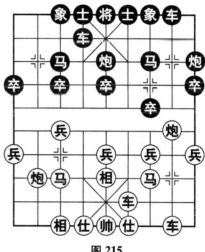

图215

19. 车四平六 车8进4

20. 马三退四 炮9平6

21. 车六平四 炮6平4

22. 帅五进一 马7进8

23. 车四进四 车8退1

24. 帅五退一 车8进1

25. 帅五进一 车8退3

26. 车四平三 炮4平9

27. 炮三平二！马8进7

28. 车三进四 士5退6

29. 车三退六 车8退6

30. 车三进五 马3退5

31. 车三退六 车8进8

32. 帅五退一 车8进1

33. 帅五进一 车8退1

34. 帅五退一 车8平4

35. 车三平一 炮9平3（图216）

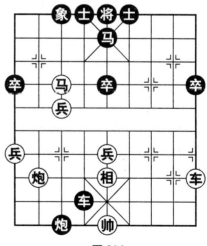

图216

第 109 局　尚威胜张强

1. 兵七进一　卒 7 进 1
2. 马八进七　马 8 进 7
3. 车九进一　象 3 进 5
4. 相三进五　马 2 进 4
5. 马二进四　车 1 平 3
6. 车一平三　卒 3 进 1
7. 兵七进一　车 3 进 4
8. 兵三进一　卒 7 进 1
9. 车三进四　马 7 进 6
10. 马七进六　马 6 进 4
11. 车三平六　马 4 进 6
12. 马四进六　马 6 进 7（图 217）

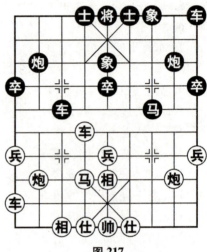

图 217

13. 马六进七　炮 8 平 9
14. 炮二进四！车 9 平 8
15. 炮二平九　车 3 退 4
16. 炮八进一　士 4 进 5
17. 车六进二　卒 5 进 1
18. 炮八平七　车 3 平 2

19. 车六平八　车 2 平 1
21. 车九平八　士 5 退 4

20. 马七进六　炮 2 平 4
22. 后车平四　车 8 进 5
23. 车四进四　士 4 进 5
24. 车四平五　车 8 平 4
25. 仕四进五　车 4 进 1
26. 炮七进二！马 7 进 8
27. 车五平四　炮 9 进 4
28. 炮七平六！马 8 进 7
29. 帅五平四　车 4 平 5？
30. 炮六进二　车 5 平 8
31. 车四进四！士 5 退 6
32. 马六进四　将 5 平 4
33. 车八进三　将 4 进 1
34. 车八退一　将 4 退 1
35. 炮九平六（图 218）

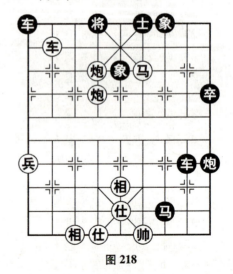

图 218

第 110 局 惠颂祥负刘忆慈

1. 兵七进一　卒 7 进 1
2. 马八进七　马 8 进 7
3. 车九进一　象 3 进 5
4. 相三进五　车 9 进 1
5. 马二进四　马 2 进 4
6. 车一平三　车 1 平 3
7. 兵三进一　卒 7 进 1
8. 车三进四　马 7 进 8（图 219）

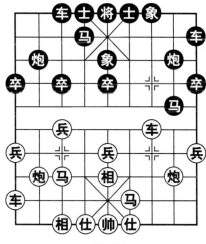

图 219

9. 车九平六　车 9 平 6
10. 车三进五　卒 3 进 1
11. 炮二进五　炮 2 平 8
12. 车三平二　马 8 退 6
13. 兵七进一　马 4 进 2
14. 马七进八　马 2 进 3
15. 马四进二　炮 8 平 9
16. 车六平四? 马 3 进 2
17. 仕四进五　车 3 进 7!
18. 马八进六　车 3 平 2
19. 车二退三　炮 9 平 6!
20. 车二平四　士 4 进 5
21. 仕五进四　车 6 平 8
22. 马二退三　车 8 平 7
23. 后车平二　车 2 平 3
24. 仕六进五　马 2 进 3
25. 帅五平四　车 7 进 2
26. 车二进六　车 7 进 5
27. 马六退四　车 3 平 2
28. 马四退二　车 7 平 5!
29. 马二进三　车 5 进 1
30. 帅四进一　车 5 平 7
31. 马三进四　士 5 进 6
32. 车四进一　车 7 退 1
33. 帅四退一　马 3 退 5
34. 帅四平五　车 2 进 2!
35. 车四平五　将 5 平 4
36. 车五平六　将 4 平 5（图 220）

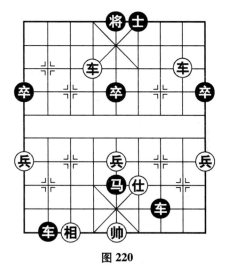

图 220

第 111 局　谢靖胜李群

1. 兵七进一　卒7进1
2. 马八进七　马8进7
3. 车九进一　象7进5
4. 相三进五　马2进1
5. 车九平三　炮8退2
6. 兵三进一　炮8平7
7. 兵三进一　车9平8
8. 炮二平四　炮7进4
9. 马二进一　车1进1
10. 车三进三　卒1进1（图221）
11. 兵一进一　车1平4
12. 马一进二　车4进7
13. 仕四进五　炮2进4
14. 马七进八　马7进6
15. 车三平四　车4退3
16. 兵五进一！马6退4
17. 炮四平二　车8平7
18. 车四退一！炮7平2
19. 马二进四　卒5进1
20. 兵五进一　马4进6
21. 兵五平四　车7平8
22. 兵四进一　士4进5
23. 车一平四　车4平9
24. 前车平五　车9平4
25. 炮二平三　车8平7
26. 兵四平五　马1退3
27. 炮三平四　卒3进1
28. 兵七进一　象5进3
29. 车五平七　象3进1
30. 炮四进六！马3退1？
31. 炮八平六　马1进2
32. 马八退六　车4平2
33. 马六退四　前炮进3
34. 马四进三　象1退3
35. 炮四平一　象3退1
36. 马三进二　马2进3
37. 车四平三！（图222）

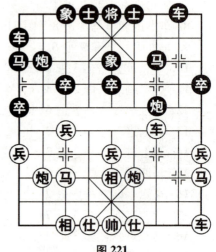

图 221

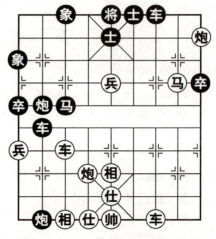

图 222

第112局 廖二平胜于幼华

1. 兵七进一 卒7进1	2. 马八进七 马8进7
3. 车九进一 象3进5	4. 相七进五 车9进1
5. 马二进一 卒9进1	6. 炮八退二 车9平6
7. 车一进一 车6进6	
8. 炮二进二 马7进6（图223）	
9. 仕六进五 车6平8	
10. 炮二平六 炮2进5	
11. 车九平八 炮2平5？	
12. 相三进五 马2进3	
13. 炮六退二 车8平5	
14. 车一平二 炮8平7	
15. 马一退三 车5平7	
16. 马七退六 车7退1	
17. 马六进五 车7平5	
18. 车二进二！马6进7	
19. 马五进三 炮7进4	
20. 车八进六 马3退5	

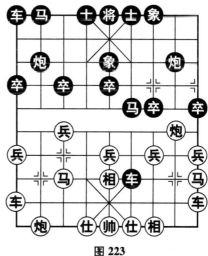

图223

21. 炮八进三 卒7进1
23. 车二退一 马5进7

22. 炮八平三 卒7进1
24. 车二平五！车5平1
25. 车五进二 马7进9
26. 马三进五 马9进7
27. 车五平三 前车平5
28. 马五进三 车1进1
29. 车三平六 车5平7
30. 车八进二 象5退3
31. 车八平七 士6进5
32. 炮六进七！象7进5
33. 炮六退一 士5退4
34. 车六进三 将5进1
35. 车七退二 车1平4
36. 车六平五 将5平6

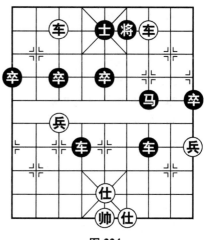

图224

37. 车五平三　车4进5　　38. 车三进一　将6退1

39. 车三进一　将6进1　　40. 车七进一　士4进5

41. 车三退一（图224）

第113局　邱东负孙勇征

1. 兵七进一　卒7进1　　2. 马八进七　马8进7

3. 车九进一　象3进5　　4. 炮二进四　卒9进1

5. 马七进六　马2进4　　6. 马二进三　马7进8

7. 炮八进四　士4进5

8. 车一进一　车1平3（图225）

9. 炮二平三　车9进1

10. 相七进五　车9平7

11. 炮三平一　马8进7

12. 车九平六　卒3进1

13. 炮一平三　马7退8

14. 马六进四　炮2平4

15. 兵一进一　卒9进1

16. 车一进三　卒3进1

17. 车一进一　马8退9

18. 马四进五?　车7平6!

19. 车六平二　炮8退2!

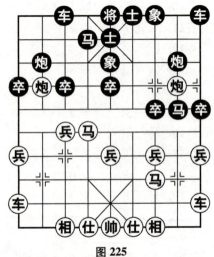

图 225

20. 车二平四　车6进1　　21. 车四进六　士5进6

22. 炮三进一　车3进3　　23. 炮八退五　车3进1

24. 车一进一　炮4进1!　　25. 车一退五　卒3进1

26. 马三进四　卒7进1　　27. 车一平六　炮8进3!

28. 相五进三　象7进5　　29. 炮三平五　马9进8

30. 马四退三　炮4进3　　31. 炮五平九　炮8平7

32. 相三退五　炮7进6　　33. 车六平四　炮4进1

34. 车四平六　卒3平4　　35. 马三退一　炮4平2

36. 兵五进一　车3进2　　37. 马一进二　炮7平5

38. 仕四进五　马8进7　　39. 马二进三　炮2退3

40. 炮八退一　卒5进1　　41. 马三退四　卒5进1（图226）

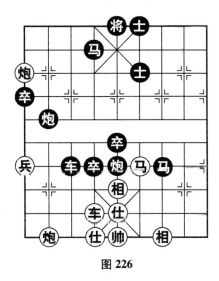

图 226

第 114 局　张锦荣胜周德裕

1. 兵七进一　卒 7 进 1	2. 马八进七　马 8 进 7
3. 车九进一　马 2 进 3	4. 相三进五　象 3 进 5
5. 炮二平三　马 7 进 8	6. 车九平四　士 4 进 5
7. 车四进五　车 9 进 2（图 227）	
8. 车四平二　马 8 进 7	
9. 马二进四　炮 2 进 4	
10. 仕四进五　车 1 平 4	
11. 马四进三　炮 8 平 7	
12. 车一平四　炮 7 进 4	
13. 兵五进一　车 4 进 6	
14. 马七进八！车 4 平 3	
15. 马八进七　卒 9 进 1？	
16. 兵五进一！卒 5 进 1	
17. 马七进九　炮 2 退 4	
18. 车二平八　象 5 退 3	
19. 炮八进五！马 3 进 4	
20. 兵七进一　车 3 退 2	21. 炮八进二　象 3 进 1
22. 炮八平九　将 5 平 4	23. 车四进六　卒 5 进 1

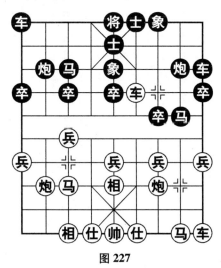

图 227

24. 车八进三　将4进1	25. 车八退一　将4退1
26. 车四平八　车3退2	27. 前车进一　将4进1
28. 后车进二　将4进1	29. 后车退三　马4进3
30. 后车平三　炮7平5	
31. 车八退三　车9平8	
32. 车八平六　将4平5	
33. 炮九平五！士5退4	
34. 车六进二　车3平4	
35. 车六平八　车4进6	
36. 车三进三　马3进5	
37. 车三平五　将5平6	
38. 车五平四　将6平5	
39. 帅五平四　车4进1	
40. 帅四进一　卒5平6	
41. 仕五退六　马5进4	
42. 帅四进一（图228）	

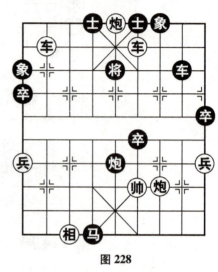

图 228

第 115 局　谢靖胜李雪松

1. 兵七进一　卒7进1	2. 马八进七　马8进7
3. 车九进一　象7进5	4. 相三进五　马2进1
5. 车九平四　车1进1	
6. 马二进三　车1平4	
7. 车四进三　士6进5	
8. 兵三进一　车4进3	
9. 仕四进五　炮8退2	
10. 炮八平九　卒1进1（图229）	
11. 炮二平一　马1进2	
12. 兵三进一　车4平7	
13. 马三进二　车7平8	
14. 炮一平二　车8平7	
15. 炮二平四　车7平8	
16. 炮九进三！卒5进1	
17. 炮四平二　车8平7	

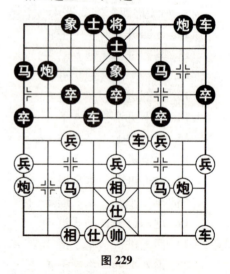

图 229

18. 马二退四　车7平8　　　　19. 马四进二　车8平7

20. 马二退四　车7平8　　　　21. 炮二平四　炮8平6

22. 车四进二　炮6进6　　　　23. 车四退三　车9平8

24. 车一平三　前车进2　　　　25. 车四平二　车8进6

26. 车三进六　炮2平4　　　　27. 炮四平三　马7退6

28. 车三平七　卒5进1　　　　29. 兵五进一　马2进3？

30. 兵五进一　炮4进6　　　　31. 车七平六　马3进5

32. 车六退五　车8进3　　　　33. 仕五退四　车8平6

34. 帅五进一　马5进7　　　　35. 车六进二！车6平5

36. 帅五平六　车5退5

37. 炮九退一　车5进3

38. 车六退一　车5退4

39. 仕六进五　马6进7

40. 帅六退一　后马进6

41. 车六进一　车5平8

42. 炮三平四　车8进6

43. 炮四退二　车8退2

44. 马七进六　马6进4

45. 炮九平六　车8退2

46. 炮四平五　车8平6

47. 兵九进一　将5平6

48. 车六退一！（图230）

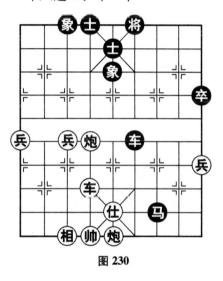

图230

第 116 局　洪智胜林宏敏

1. 兵七进一　卒7进1　　　　2. 马八进七　马8进7

3. 车九进一　象7进5　　　　4. 相三进五　马2进1

5. 车九平四　车1进1　　　　6. 马二进三　车9进1

7. 仕四进五　炮8退2　　　　8. 车一平四　炮8平7（图231）

9. 马七进六　车9平8　　　　10. 马六进五　士6进5

11. 马五进三　炮2平7　　　　12. 炮二平一　车1平2

13. 炮八平六　卒7进1　　　　14. 炮一平四！后炮平6

15. 后车平二　车8平9　　　　16. 炮一平五　车9进2

17. 炮五退二　卒7进1　　　　18. 马三退四　车2进3

19. 车四进三　车9平7
20. 相五进三　车2进2
21. 车二进五　车7平5
22. 炮六平五！车2平5？
23. 前炮进三　象3进5
24. 炮五进四　车5退3
25. 相三退五　炮7平6
26. 车四平三　卒7平6
27. 马四进三　马1退3
28. 兵一进一　马3进4
29. 车二平六　车5平6
30. 车六平五　象5退3
31. 马三进二　马4进6

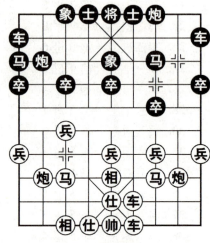

图 231

32. 车三进一　马6进7
33. 兵一进一　车6进2
34. 马二进三　车6平9
35. 相五退三　前炮平8
36. 马三进二　炮8平5
37. 相七进五　车9平8
38. 马二进四　士5退6
39. 车三进一　车8进4
40. 车三平七　卒6进1
41. 车七进三　炮5退1
42. 仕五退四　卒6平5
43. 相三进五　车8退7
44. 仕六进五　车8平4
45. 车七退四　炮5退1
46. 车七平六！车4平2
47. 帅五平六　士4进5
48. 车六平八　车2平4
49. 车五平六　车4进2
50. 车八平六　马7进5（图232）

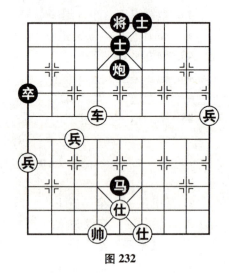

图 232

第 117 局　　陈松顺胜陈奇

1. 兵七进一　卒7进1
2. 马八进七　马8进7
3. 车九进一　象3进5
4. 相三进五　马2进4

5. 车九平六　　车9进1

6. 马二进四　　车1平3

7. 马七进八　　马7进6

8. 车一平三　　卒3进1（图233）

9. 炮八平七　　炮8平7

10. 兵七进一　　车3进4

11. 炮二进三　　车9平6

12. 车三进二　　炮2进2

13. 兵三进一　　马4进2

14. 车三平二　　炮7平8？

15. 炮二平四！　车6进3

16. 车二进五　　卒7进1

17. 马四进二　　卒7平6

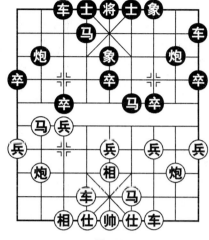

图233

18. 车六进三　　车3进2　　　　19. 车二退三　　卒6进1

20. 车二平四！　车6进1　　　　21. 车六平四　　卒6平5

22. 马二进三　　前卒进1　　　　23. 相七进五　　马2进3

24. 炮七进三　　车3退2　　　　25. 马三进二　　车3退3

26. 马八进六　　士4进5　　　　27. 车四平八　　炮2平3

28. 车八进二！卒5进1　　　　　29. 车八平九　　士5进4

30. 兵一进一　　士6进5　　　　31. 马二进三　　将5平4

32. 兵九进一　　炮3进4　　　　33. 马六退八　　车3进3

34. 马八退六　　车3进3　　　　35. 马六退七　　车3进1

36. 车九平一　　车3平7　　　　37. 马三进一　　车7平1

38. 车一平九　　车1平9　　　　39. 马一退二　　车9退3

40. 马二进四　　车9平2　　　　41. 车九进三　　将4进1

42. 马四退五　　车2退3　　　　43. 兵九进一　　士5进6

44. 兵九进一　　士4退5　　　　45. 车九退一　　将4退1

46. 兵九平八　　车2平4　　　　47. 车九进一　　将4进1

48. 兵八平七　　车4进7　　　　49. 帅五进一　　车4退1

50. 帅五退一　　士5进4　　　　51. 车九平五（图234）

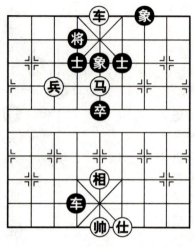

图 234

第 118 局　孟立国胜熊学元

1. 兵七进一　卒 7 进 1	2. 马八进七　马 8 进 7
3. 车九进一　象 7 进 5	4. 相三进五　马 2 进 1
5. 马二进四　炮 2 平 4	6. 马七进八　士 6 进 5
7. 车一平三　马 7 进 6	8. 兵三进一　卒 7 进 1
9. 车三进四　车 9 平 7	10. 车三进五　象 5 退 7（图 235）

11. 车九平六　炮 4 进 3?

12. 马四进三！炮 8 平 4

13. 车六平三！马 6 进 7

14. 车三进二　前炮平 2

15. 车三进六　士 5 退 6

16. 炮二进七　车 1 进 1

17. 车三退二　士 6 进 5

18. 相五退三　炮 2 退 3

19. 车三进二　士 5 退 6

20. 车三退一　士 6 进 5

21. 炮八平二　炮 4 平 8

22. 车三进一　士 5 退 6

23. 车三退二　士 6 进 5

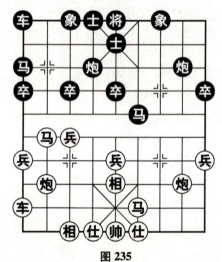

图 235

24. 后炮平三！ 炮8进4　　　25. 车三进二 士5退6

26. 车三退一 士6进5　　　27. 炮三进五！ 象3进5

28. 炮三退一 象5退3　　　29. 车三进一 士5退6

30. 车三退二 士6进5　　　31. 车三平一 炮2平8

32. 炮二平一 士5进4　　　33. 炮三进三 后炮退2

34. 车一平二 车1平9　　　35. 炮三退五！ 将5进1

36. 车二退四 炮8平7　　　37. 相三进五 卒9进1

38. 炮一平二 象3进5　　　39. 兵五进一 车9平7

40. 车二平八 将5平6

41. 炮二平六 车7进3

42. 炮二进五 车7退4

43. 车八进五 将6进1

44. 炮六退一 车7平2

45. 车八平九 车2进2

46. 兵九进一 将6退1

47. 炮六进一 将6退1

48. 炮六平九 车2平3

49. 炮九退二 象5退3

50. 车九进一 士4退5

51. 炮九进一 车3退1

52. 炮九平五（图236）

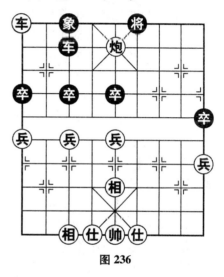

图236

第119局　万春林负赵鑫鑫

1. 兵七进一 卒7进1　　　2. 马八进七 马8进7

3. 车九进一 马2进1　　　4. 兵三进一 卒7进1

5. 车九平三 象7进5　　　6. 车三进三 炮8退2

7. 相三进五 炮8平7　　　8. 车三平二 车1进1

9. 车一进一 车9进1　　　10. 车一平四 车9平6

11. 马七进六 炮2平4（图237）　12. 车四进七 车1平6

13. 马二进三 车6平2　　　14. 马三进四 车2进5

15. 车二退一 卒5进1　　　16. 炮八平六 炮4进5

17. 炮二平六 车2平1　　　18. 炮六平九 车1退2

19. 车二进四 卒5进1！　　20. 兵五进一 马7进6

21. 马六进五　马6退4
22. 马四进三　马4进5
23. 仕六进五　马1退3
24. 马五进七　车1平6
25. 马三进一?　象5进7!
26. 车二退一　马3进5
27. 车二平五　前马退6
28. 马一退三　炮7进2!
29. 马七进九　士6进5
30. 马九进七　马5进7
31. 马七退六　将5平6
32. 马六退四　炮7平2
33. 车五平七　炮2进7

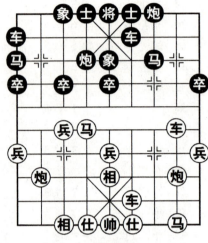

图 237

34. 仕五退六　象7退9
35. 仕四进五　炮2退3
36. 车七平五　炮2平6
37. 马四进三　马7进5
38. 马三退二　车6平8
39. 车五平四　士5进6
40. 兵七进一　士4进5
41. 兵七平六　车8进5
42. 仕五退四　马5进4
43. 炮九平六　炮6进1
44. 炮六退一　炮6平9
45. 马二进四　炮9进2
46. 马四退二　士5进6
47. 车四进一　将6平5
48. 车四平五　将5平6
49. 车五平四　将6平5
50. 车四平五　将5平6
51. 车五平四　将6平5
52. 车四平五　将5平6
53. 马二进四　马4退6
54. 相五退三　炮9平7
55. 帅五进一　马6进4
56. 炮六进一　车8退1
57. 帅五进一　马4退6
58. 帅五平四　炮7退6
59. 车五退二　马6进4 (图238)

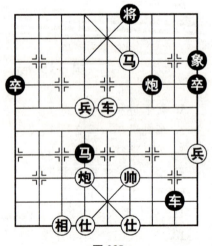

图 238

第三章　起马其他

第120局　张锦荣负谢侠逊

1. 兵七进一　卒7进1
2. 马八进七　马8进7
3. 马七进六　车9进1
4. 炮二平六　车9平6
5. 马二进三　马2进3
6. 车一平二　马7进6（图239）
7. 马六进七　炮8平5
8. 相三进五　车6平4
9. 仕六进五　马6进5
10. 炮八进二　马5退3!
11. 炮六平七? 前马进2
12. 车九进二　车4进7!
13. 相五退三　车4平3
14. 马七进五　车3进1
15. 仕五退六　炮2平5
16. 炮七平五　马2退4!
17. 车九退一? 马4退2（图240）

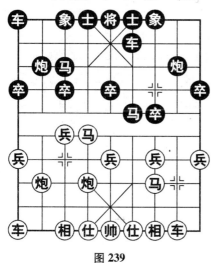

图239

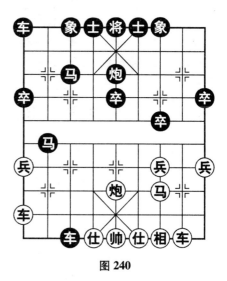

图240

第 121 局　孙勇征胜林益生

1. 兵七进一　卒 7 进 1	2. 马八进七　马 8 进 7
3. 炮二平六　车 9 平 8	4. 马二进三　象 3 进 5
5. 相七进五　炮 2 平 3	6. 车九平八　士 4 进 5
7. 马七进六　炮 8 进 3	8. 马六进七　马 2 进 4
9. 马七退六　马 4 退 2?	10. 炮八进二　马 2 进 1（图 241）
11. 炮八平九　车 1 平 2	12. 车八进九　马 1 退 2
13. 车一进一　炮 8 进 3	14. 马三退五　卒 1 进 1
15. 炮九平八　炮 8 退 2	16. 马五进三　炮 8 进 2
17. 兵七进一!　象 5 进 3	18. 马六进八!　炮 3 平 6
19. 炮八进五　象 7 进 5	20. 炮六平九　将 5 平 4
21. 兵一进一　车 8 进 7	22. 兵一进一（图 242）

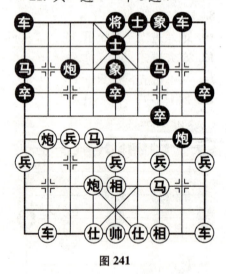

图 241

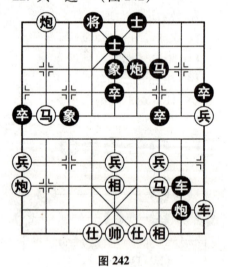

图 242

第 122 局　李智屏胜倪敏

1. 兵七进一　卒 7 进 1	2. 马八进七　马 8 进 7
3. 马七进六　车 9 进 1	4. 炮二平六　炮 2 平 4
5. 炮六进五　炮 8 平 4	6. 马二进三　马 2 进 3
7. 车一平二　车 1 平 2	8. 炮八平七　炮 4 进 7?（图 243）

9. 相七进五　炮4平2	10. 兵七进一！车2进7
11. 兵七进一　车9平4	12. 车二进四　马3退1
13. 炮七进二　车4进3	14. 马三退五　象3进5
15. 马五进七　炮2退1	16. 车九平八　马7进6
17. 马六进四　车4平6	18. 马七退六！车6平2
19. 车八进一　前车进1	20. 马六进八　车2进4
21. 车二平五　马1退3	22. 车五进二　车2进1
23. 帅五进一　马3进2	24. 炮七平五！（图244）

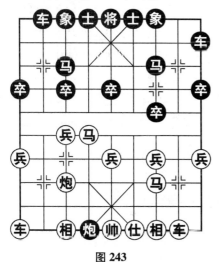

图243

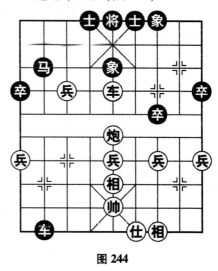

图244

第123局　崔岩胜朱晓虎

1. 兵七进一　卒7进1	2. 马八进七　马8进7
3. 马七进六　车9进1	4. 炮二平六　炮2平4
5. 马六进七　马2进1	6. 马七进九　车1进2（图245）
7. 马二进三　马7进6	8. 炮八平七　象7进5
9. 车一平二　马6进4	10. 炮七退一　炮4进5
11. 车二进七　炮4平2	12. 车九平八　车9平2
13. 车八进一　马4进3	14. 马三退五　马3进5
15. 帅五进一　车1平4？	16. 炮七进八！士4进5
17. 炮七退三　卒9进1	18. 车二退五　炮2退1
19. 车二进四　车2进2	20. 车二平五　车4平3

21. 炮七平六　车 3 进 3　　　　22. 车八平六　炮 2 进 2

23. 帅五退一　车 3 进 4　　　　24. 车五进一！炮 2 进 1

25. 帅五进一　车 3 退 2　　　　26. 炮六平五！（图 246）

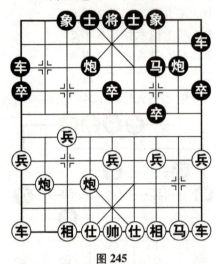

图 245

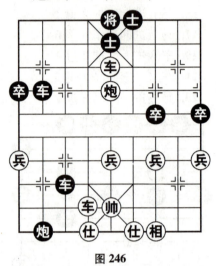

图 246

第 124 局　李家华胜董旭斌

1. 兵七进一　卒 7 进 1　　　　2. 马八进七　马 8 进 7

3. 炮八平九　马 2 进 3　　　　4. 车九平八　车 1 平 2

5. 炮二进四　象 3 进 5

6. 马二进三　炮 2 进 4

7. 相三进五　马 7 进 6

8. 炮二平七　炮 8 平 7

9. 车一平二　卒 7 进 1

10. 相五进三　车 9 进 1（图 247）

11. 相七进五　卒 9 进 1

12. 车二进五　炮 7 进 2

13. 马三退一！车 9 平 6

14. 马一进二　炮 7 进 2

15. 兵七进一　马 6 退 7

16. 车二平六　炮 7 进 1

17. 车六退二　炮 2 进 2

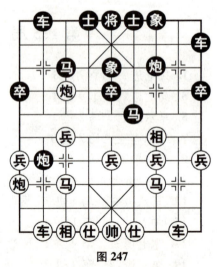

图 247

18. 仕四进五　车2进7
19. 马二退四　车6进3
20. 车六进四　马3退1
21. 马七进六　车6平3
22. 炮九进四　车2退4
23. 炮九进一　马7进6
24. 马六进四　车3平6
25. 车六退一　士4进5
26. 马四进五　车6平1？
27. 炮七平五　车2退3
28. 马五进四！车1退2
29. 相三退一！（图248）

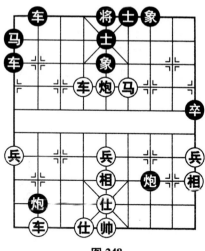

图248

第125局　袁洪梁负童本平

1. 兵七进一　卒7进1
2. 马八进七　马8进7
3. 炮八平九　炮2平6
4. 车九平八　马2进3
5. 炮二平三　象7进5
6. 马二进一　炮8进5（图249）
7. 马七进六　炮8平1
8. 相七进九　车9平8
9. 兵三进一　车8进7
10. 炮三退一　马7进8
11. 兵三进一　象5进7
12. 马六退四？车8平6！
13. 马四进三　炮6进7
14. 车一进一　象3进5
15. 马三进二　车1进1
16. 车八进七　车1平8
17. 车八平七　车8进1
18. 炮三进八　士6进5
19. 车一平三　车6平1
20. 炮三平一　炮6退5
21. 车三进八　炮6退4
22. 车三退七　炮6进2！
23. 车三平九　炮6平3

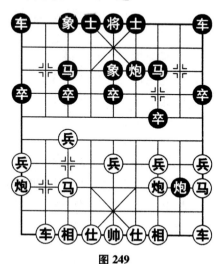

图249

24. 车九平二　炮 3 进 3　　　**25.** 车二进二　炮 3 进 4

26. 仕六进五　炮 3 平 7　　　**27.** 马一进三　马 8 退 6

28. 车二平四　马 6 退 7　　　**29.** 炮一退一　卒 3 进 1

30. 兵九进一　车 8 平 7（图 250）

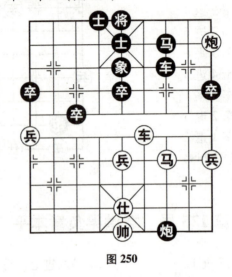

图 250

第 126 局　王跃飞胜程鸣

1. 兵七进一　卒 7 进 1　　　**2.** 马八进七　马 8 进 7

3. 马二进一　象 3 进 5

4. 相七进五　车 9 进 1

5. 炮二平四　车 9 平 6

6. 仕六进五　马 7 进 8

7. 兵一进一　马 2 进 3

8. 马一进二　车 1 进 1（图 251）

9. 兵一进一　炮 8 平 9

10. 车九平六　车 1 平 4

11. 车六进八　车 6 平 4

12. 车一平二　卒 9 进 1

13. 马二进四　马 8 进 9

14. 马七进六　炮 2 平 1

15. 马六进七　炮 1 平 2？

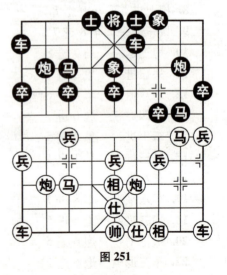

图 251

16. 炮四平一！　士4进5

17. 炮一进三　车4进5

18. 车二进三　炮2进4

19. 炮一进一　卒5进1

20. 车二进三　炮2退2

21. 炮一退一　卒7进1？

22. 马四进五！　炮2平9

23. 马五进三　将5平4

24. 炮八平六　后炮平4

25. 马七退五　车4退1

26. 马五进六　士5进4

27. 兵七进一　马9进7

28. 兵七进一　马3退2

29. 车二退一　炮9进5

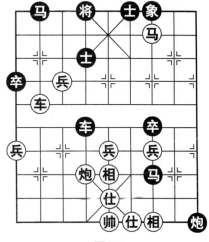

图 252

30. 车二平八（图252）

第 127 局　刘尚龄负吴绍龙

1. 兵七进一　卒7进1

2. 马八进七　马8进7

3. 马二进三　炮2进4

4. 马七进六　炮2平7

5. 相三进五　炮8进3

6. 马六进七　马2进3

7. 仕四进五　车1平2

8. 炮八平七　炮8退3（图253）

9. 马七退六　马3进4

10. 兵七进一　马4进6

11. 车一平四　卒7进1！

12. 相五进三？马6进7

13. 车四进三　炮7平5

14. 相七进五　前马进5

15. 仕六进五　炮5退1

16. 车四进一　卒5进1

17. 马六进七　马7进8！

18. 车四进一　炮8进5

19. 炮七平二　马8进7

20. 马七进六　车2进1

21. 车四进四　将5进1

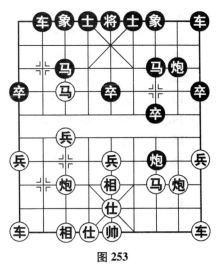

图 253

22. 马六退七　车2进7
23. 帅五平六　车9进2
24. 车四平六　车9平6
25. 马七退五　车6进2
26. 车六退一　将5退1
27. 马五进六　车6退2
28. 马六退五　车6平8
29. 炮二进四　车2平5
30. 相五进七　车5进1
31. 帅六进一　车5平1（图254）

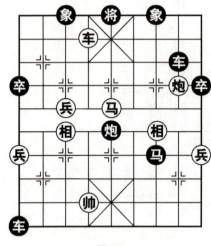

图 254

第 128 局　苗永鹏胜臧如意

1. 兵七进一　卒7进1	2. 马八进七　马8进7
3. 相三进五　马2进1	4. 车九进一　象3进5
5. 兵九进一　炮2平4	6. 炮八平九　卒3进1
7. 兵七进一　象5进3	
8. 马二进四　象7进5（图255）	
9. 车一平三　士6进5	
10. 兵三进一　卒7进1	
11. 车三进四　车9平6	
12. 马七进八　炮8退1	
13. 炮二进四　炮8平7	
14. 炮二平三　炮7进2	
15. 车三进二　车1平2	
16. 马八进六　车2进5	
17. 马四进三　车2平4	
18. 马六进四　车4平1	
19. 车九平四！车6平7	
20. 车四平六　车1平6	

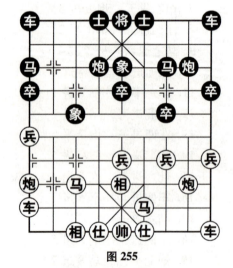

图 255

21. 兵五进一　马1进3？
22. 车六进五　车7平6 ‖ 23. 马三进二　前车退1

24. 炮九平八　马3退4
25. 车三进一！后车进3
26. 马二进四　炮4平7
27. 车六进二　将5平6
28. 炮八进七　将6进1
29. 马四进三　车6进5
30. 帅五进一　车6退4
31. 马三进一　车6平8
32. 车六退五（图256）

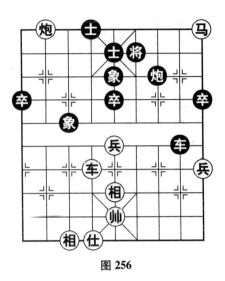

图 256

第 129 局　　张强胜胡庆阳

1. 兵七进一　卒7进1
2. 马八进七　马8进7
3. 炮八平九　马2进3
4. 车九平八　车1平2
5. 相三进五　车9进1
6. 炮二平三　马7进8
7. 兵三进一　象7进5
8. 兵三进一　象5进7（图257）
9. 车八进五　象3进5
10. 车八平四　车2进1
11. 炮三平四　炮2进4
12. 马二进三　马8进7
13. 车四进一　车9平8
14. 车一平二　炮8进4
15. 炮九退一　炮2平3
16. 炮九平四！士4进5
17. 车二进二　车2进3
18. 仕四进五　卒3进1
19. 车四退二　马3进4
20. 车四平三　卒3进1？

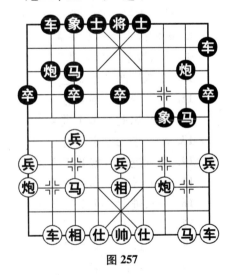

图 257

21. 后炮平二！炮8平5
22. 马七进五　马4进5
23. 车二进六　马7进5

24. 相七进五　马5退7
25. 车二平四　象7退9
26. 车四退四　车2平7
27. 炮二进八　象9退7
28. 炮四进七！卒3平4
29. 炮四退一　士5退6
30. 炮四平一　炮3退6
31. 车四进三　将5进1
32. 车四进二（图258）

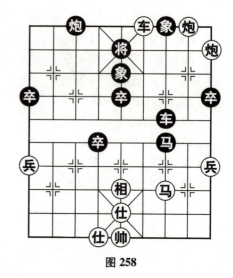

图 258

第130局　李庆全胜林奕仙

1. 兵七进一　卒7进1
2. 马八进七　马8进7
3. 马七进六　象3进5
4. 炮二平五　马2进4
5. 炮八平六　车9进1
6. 车九平八　车1平2
7. 马二进三（图259）炮2进3?
8. 炮六进六！车9平4
9. 马六进七！车4进2
10. 车八进四　车2进5
11. 马七退八　炮8进3
12. 马八退七　车4进4
13. 车一平二　卒7进1
14. 兵三进一　炮8平3
15. 马七进八　车4平2
16. 马八进七　车2平3
17. 马三退五　车3退1
18. 兵三进一　象5进7
19. 车二进四　炮3退1
20. 马七进六　士4进5
21. 马六退五　马7进5
22. 炮五进四　象7退5
23. 马五进三　炮3进5

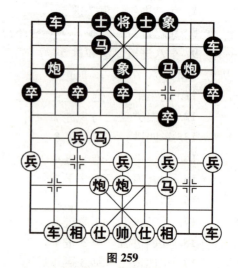

图 259

24. 仕六进五　炮 3 平 1
25. 仕五进六　车 3 平 1
26. 车二平六　车 1 平 3
27. 帅五平六　车 3 退 3
28. 马三进四　炮 1 退 5
29. 仕六退五　车 3 退 3
30. 车六进一　炮 1 平 3
31. 马四进三　卒 1 进 1
32. 马三进二！（图 260）

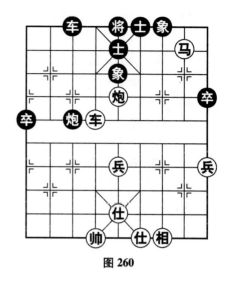

图 260

第 131 局　陈富杰胜顾嘉华

1. 兵七进一　卒 7 进 1
2. 马八进七　马 8 进 7
3. 相三进五　象 7 进 5
4. 车九进一　马 2 进 1
5. 车九平三　车 1 进 1
6. 兵三进一　卒 7 进 1
7. 车三进三　炮 8 退 2
8. 炮二进四　炮 8 平 7
9. 炮二平三　卒 1 进 1
10. 车一进一　车 1 平 8（图 261）

11. 马二进三　士 6 进 5
12. 车一平四　马 7 退 6
13. 炮三平四　车 9 进 2
14. 车三平二　车 8 平 7
15. 马三进四　车 9 平 8
16. 车二进三　炮 2 平 8
17. 车四平二　炮 8 平 6
18. 炮四进三　士 5 退 6
19. 炮八进四！士 6 进 5
20. 马七进六　炮 7 平 6
21. 车二进八　马 1 进 2
22. 马六进七　车 7 退 3
23. 马四进五　车 7 进 2

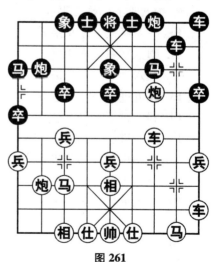

图 261

24. 车二退四　马 2 进 3

25. 炮八进三　车 7 平 5？

26. 马七进五！前炮退 1

27. 车二平七　车 5 退 3

28. 车七进四　车 5 平 2

29. 马五退六　车 2 进 3

30. 马六进七！士 5 进 4

31. 车七平六　将 5 进 1

32. 车六退二　车 2 退 4

33. 车六平三 （图 262）

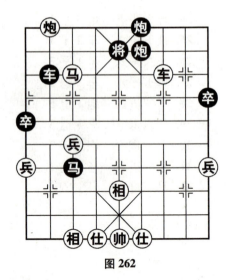

图 262

第 132 局　庄玉庭负李群

1. 兵七进一　卒 7 进 1

2. 马八进七　马 8 进 7

3. 炮八进二　马 2 进 1

4. 兵三进一　卒 3 进 1

5. 兵七进一　卒 7 进 1

6. 相三进五　车 1 进 1

7. 马二进四　车 1 平 6

8. 马四进六　炮 8 平 9 （图 263）

9. 炮八平七？炮 2 平 3

10. 车一平三　车 9 平 8

11. 炮二平三　炮 3 进 3

12. 马六进七　马 7 进 8

13. 相五进三　车 6 进 6

14. 相七进五　马 8 进 9！

15. 炮三进一　马 9 退 7！

16. 后马进六　马 7 进 5

17. 仕六进五　车 6 退 4

18. 马七退六　车 8 进 3

19. 后马进八　卒 5 进 1

20. 车九平七　炮 9 平 5

21. 炮三进二　象 7 进 9

22. 炮三进二　卒 5 进 1！

23. 炮三平九　卒 5 平 4

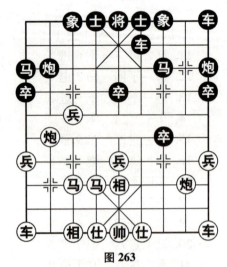

图 263

24. 炮九平一　炮 5 进 5
25. 帅五平六　车 6 平 4
26. 兵七平六　车 4 进 1
27. 车七进五　车 4 退 2
28. 炮一平三　士 6 进 5
29. 炮三退一　卒 4 平 3
30. 仕五进六　车 4 进 1
31. 帅六平五　马 5 退 7
32. 车三进三　炮 5 退 5
33. 车七平三　马 7 进 5（图 264）

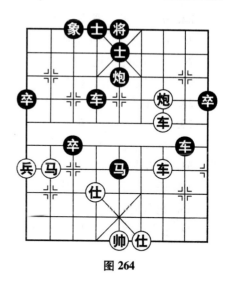

图 264

第 133 局　吕钦负许银川

1. 兵七进一　卒 7 进 1
2. 马八进七　马 8 进 7
3. 炮八平九　马 2 进 3
4. 车九平八　车 1 平 2
5. 马二进三　象 3 进 5
6. 相三进五　炮 2 进 5（图 265）
7. 炮二进四　马 7 进 6
8. 炮二平七　车 9 进 1
9. 车一平二　炮 8 平 7
10. 车二进四　马 6 进 7
11. 马三退二　卒 9 进 1
12. 兵七进一　车 9 平 2
13. 炮七平六　马 7 退 6
14. 兵七进一　马 6 退 4
15. 兵七平六　炮 7 进 1
16. 车二平七　马 3 进 4
17. 兵六平五　前车进 5
18. 车七平六　后车进 4
19. 马二进四　炮 7 退 2
20. 车六平七　前车平 1
21. 马七进六　车 2 退 1
22. 马六进四　车 1 平 4
23. 前兵进一　象 7 进 5

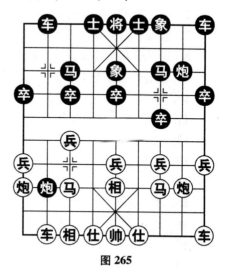

图 265

24. 车七平五　车2平6
25. 前马进六　炮2退2
26. 马六进七?　炮7平4!
27. 仕四进五　车6进5
28. 炮九平六　车4平3!
29. 马七退六　士6进5
30. 车五进三　炮2进1
31. 车五退二　炮2平5
32. 马六进五　炮5退5
33. 炮六进六　车3平9
34. 仕五退四　车9平5!（图266）

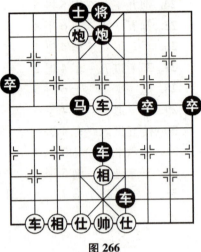

图266

第 134 局　　陈寒峰胜李群

1. 兵七进一　卒7进1
2. 马八进七　马8进7
3. 马二进三　车9进1
4. 车一进一　车9平3
5. 炮二进四　马7进8
6. 马七进六　象3进5
7. 炮八平六　车3平6
8. 马三退五　马2进3（图267）
9. 车九平八　车1平2
10. 炮六平二!　炮2进5
11. 后炮进二　炮2退2
12. 马五进七　炮2平4
13. 车八进九　马3退2
14. 马七进六　马2进4
15. 相七进五　车6进2
16. 兵五进一　卒3进1
17. 兵七进一　象5进3
18. 车一平七　马4进6?
19. 车七进四!　马6进8
20. 车七平三　炮8平5
21. 仕六进五　后马进6
22. 车三平二　马6进7
23. 车二平三　马7退5

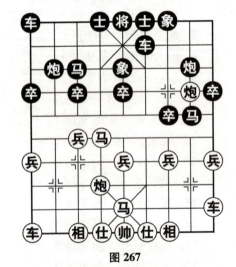

图267

24. 车三进四 车6平8
25. 炮二平三 卒5进1
26. 车三退二 将5进1
27. 炮三进二 炮5平4
28. 马六进七 炮4进1
29. 马七进八 马5退3
30. 车三平七! 车8平7
31. 车七退一 车7退1
32. 马八进六 车7平4
33. 马六退七 卒5进1
34. 车七平五 (图268)

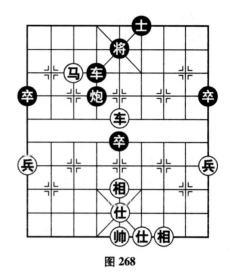

图 268

第 135 局　吕钦胜王斌

1. 兵七进一　卒7进1
2. 马八进七　马8进7
3. 炮八平九　马2进3
4. 车九平八　车1平2
5. 马二进三　车9进1
6. 车一进一　车9平6
7. 车八进六　炮8进1
8. 相三进五　象3进5 (图269)
9. 车一平六　卒3进1
10. 车八退二　卒3进1
11. 车八平七　马3进2
12. 兵三进一　车6进3
13. 兵三进一　车6平7
14. 马三进四　车7平6
15. 车六平三　炮8进2
16. 马四退三　炮8退1
17. 马三进二　车6平4
18. 炮二平四　卒1进1
19. 车三进五　炮8退3
20. 马二退三　炮8平7
21. 马三进四　车4平5
22. 车三平四　炮7平4
23. 兵五进一　车5平9

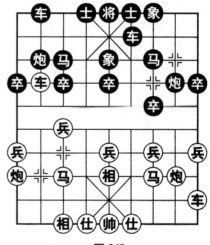

图 269

24. 马四进五　马2退4
25. 车七平八　炮4平5
26. 兵一进一！车9进1
27. 兵五进一　车9平2
28. 马七进八　马7进5
29. 炮四平二！马4进5?
30. 炮二进七　前马进4
31. 帅五进一　炮5平6
32. 兵五进一　炮6进1
33. 兵五进一！炮2平1
34. 车四退二　炮6进2?
35. 车四进一（图270）

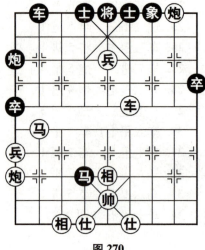

图 270

第 136 局　　陶汉明胜张晓平

1. 兵七进一　卒7进1	2. 马八进七　马8进7
3. 炮八平九　炮2平6	4. 车九平八　马2进3
5. 炮二平五　象7进5	6. 马七进六　士6进5
7. 马二进三　车9平8	8. 马六进五　马3进5
9. 炮五进四　炮6进1	10. 炮五退二　炮6平5（图271）

11. 仕四进五　车1进2
12. 车一平二　炮8进4
13. 相三进五　车1平4
14. 兵三进一　卒7进1
15. 相五进三　车4进3
16. 相三退五　炮5进3
17. 马三进五　车4平5
18. 马五退三　炮8退3
19. 车八进三　炮8平5
20. 车二进九　马7退8
21. 车八平三　士5退6
22. 车三进三　卒9进1
23. 兵九进一　卒3进1

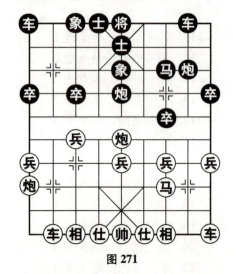

图 271

24. 兵七进一　象5进3

25. 车三进二　马8进9

26. 车三退一　马9退8

27. 车三进一　马8进9

28. 车三退一　马9进8?

29. 车三退二!　马8退9

30. 车三平七　炮5进4

31. 帅五平四!　炮5平2

32. 车七平八　炮2平3

33. 车八平一　马9进7

34. 车一退一　车5平9

35. 兵一进一　炮3退6

36. 炮九进四（图272）

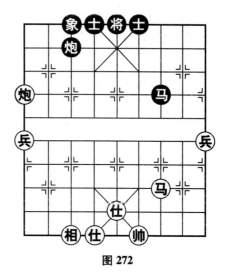

图272

第137局　许银川负林宏敏

1. 兵七进一　卒7进1　　　2. 马八进七　马8进7

3. 炮八平九　象3进5　　　4. 车九平八　马2进4

5. 炮二平六　车9进1　　　6. 马二进三　马7进8

7. 相三进五　车9平7　　　8. 仕四进五　车1进1（图273）

9. 马七进六　炮2平4　　　10. 炮六进五　炮8平4

11. 车一平二　马8进7

12. 车二进四　炮4进2

13. 兵九进一　马4进6

14. 车二平四　马6进5!

15. 兵五进一　卒7进1

16. 车四进二　马5退7

17. 马三进五　前马退5

18. 车四平五　卒7平6

19. 车八进三　炮4平8

20. 马五进三　炮8平5!

21. 车八平六?　卒6平7

22. 马六进七　马7进6

23. 车六进一　炮5进3!

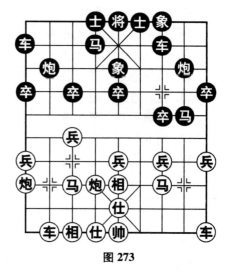

图273

24. 相七进五　马6退5
25. 车六平五　马5进7
26. 车五平三　车7进2
27. 马七退六　车1平8
28. 相五退三　车8进5
29. 兵七进一　车8平9
30. 马六进七　车9退1
31. 车三退一　车9平1
32. 炮九平五　车1平5
33. 马七进九　车7退2
34. 炮五平七　车7平4
35. 兵七进一　马7退5
36. 车三进三　马5进4
37. 炮七平八　车5退2（图274）

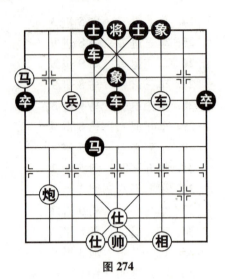

图 274

第 138 局　屠景明胜窦国柱

1. 兵七进一　卒7进1	2. 马八进七　马8进7
3. 炮二平三　象7进5	4. 马二进一　卒9进1
5. 车一平二　炮8平9	6. 相七进五　马2进1
7. 兵三进一　卒7进1（图275）	8. 炮八进二！炮9进4

9. 炮八平三　卒9进1
10. 马一进三　炮2进4
11. 马三进一　车9进5
12. 后炮进五　车1进1
13. 仕六进五　炮9平6
14. 后炮平五　卒5进1
15. 炮五平二　车1平8
16. 炮二进二　士6进5
17. 炮二进一　士5进6
18. 炮三退一　车9退2
19. 炮三平二！车8平7
20. 前炮进二　士6退5
21. 后炮平九　卒3进1

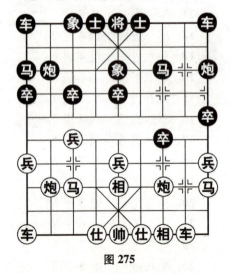

图 275

22. 炮九退二　卒 3 进 1

23. 相五进七　炮 2 平 3？

24. 车九平六　炮 6 平 8

25. 兵五进一　车 7 进 5

26. 兵五进一　马 1 进 3

27. 车六进五　马 3 进 2

28. 马七退八　车 9 平 8

29. 炮二平一　炮 3 平 5

30. 相三进五　炮 5 退 1

31. 车六退一　车 7 平 1

32. 相七退九！马 2 进 4

33. 炮九平五　马 4 进 6

34. 帅五平六　车 8 平 2

35. 仕五进四　车 2 进 6

36. 相九退七　车 1 平 5

37. 炮五平二　士 5 进 6

38. 车六进四 （图 276）

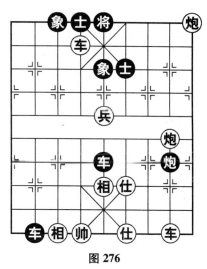

图 276

第 139 局　赵鑫鑫胜李雪松

1. 兵七进一　卒 7 进 1

2. 马八进七　马 8 进 7

3. 炮八平九　马 2 进 3

4. 车九平八　车 1 平 2

5. 炮二平六　车 9 进 1

6. 马二进三　炮 2 进 2

7. 仕四进五　车 9 平 4

8. 车八进三　士 4 进 5

9. 相三进五　马 7 进 8

10. 兵九进一　象 7 进 5 （图 277）

11. 车一平四　马 8 进 7

12. 车四进四　炮 8 平 6

13. 马七进六　炮 2 平 4

14. 车八进六　马 3 退 2

15. 炮六平七　车 4 进 2

16. 车四平二　炮 6 平 7

17. 炮七进一　卒 7 进 1

18. 车二平三　炮 4 平 7

19. 炮九平六！后炮进 3

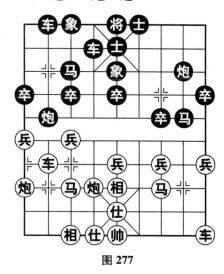

图 277

20. 炮六进四　前炮进 2

21. 炮七平三　马 2 进 3

22. 炮六平一！卒 3 进 1

23. 兵七进一　象 5 进 3

24. 炮一进三　后炮退 4

25. 兵一进一　象 3 进 5

26. 兵一进一　将 5 平 4

27. 兵一平二　士 5 进 6

28. 马六进四　将 4 进 1

29. 兵五进一　前炮平 9

30. 炮三平六　将 4 退 1

31. 兵二进一　炮 9 退 6

32. 兵二进一　炮 9 平 6

33. 马四进六　马 3 进 4

34. 兵二平三！炮 6 平 4

35. 兵三平四　象 5 进 7

36. 兵四进一　炮 7 平 8

37. 兵四进一　炮 4 进 1

38. 马六进八！（图 278）

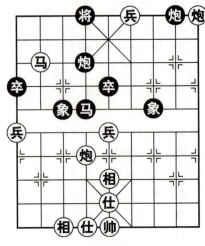

图 278

第 140 局　　陈松顺胜苏天雄

1. 兵七进一　卒 7 进 1

2. 马八进七　马 8 进 7

3. 马二进一　卒 9 进 1

4. 车一进一　马 2 进 1

5. 兵三进一　卒 7 进 1

6. 车一平三　象 7 进 5

7. 车三进三　士 6 进 5

8. 相七进五　马 7 进 8

9. 炮二进二　车 9 平 6

10. 仕六进五　卒 1 进 1（图 279）

11. 车九平六　卒 5 进 1

12. 车六进八　马 8 退 6

13. 车三进二　炮 2 进 1

14. 车六退四　马 1 进 2

15. 兵七进一！马 2 进 1？

16. 炮八进一！马 6 退 4

17. 车三平七　马 1 进 2

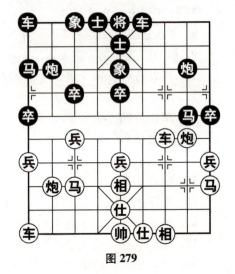

图 279

18. 炮八平六　炮2平1
19. 炮六进四　士5进4
20. 车七平八　马2退3
21. 车八退三！卒5进1
22. 车六进二　马3进5
23. 相三进五　车6进6
24. 车六平二　炮8平7
25. 车八进一　卒5进1
26. 车二进三　炮7退2
27. 车八平五　车6退6
28. 车二退三　卒5进1
29. 车二平三　卒5进1
30. 仕四进五　炮7平8
31. 车五平六　士4进5
32. 炮二平五　车1进2
33. 马一进三　炮1平6
34. 马三进二　车1进1
35. 马二进三　车6平7
36. 车六进三　车7进1
37. 车六进一　炮8进1
38. 车三平一　将5平6
39. 车一进三（图280）

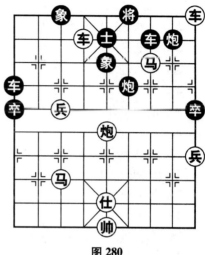

图 280

第 141 局　于幼华胜王跃飞

1. 兵七进一　卒7进1
2. 马八进七　马8进7
3. 炮八平九　炮2平6
4. 车九平八　马2进3
5. 马七进六　象3进5
6. 炮二平五　士4进5
7. 马二进三　车9平8
8. 马六进五　马3进5
9. 炮五进四　炮6进1
10. 炮五退二　炮6平5（图281）
11. 相三进五　马7进8
12. 仕四进五　马8进7
13. 车一平四　炮8平6

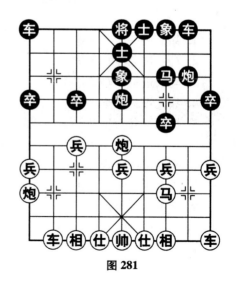

图 281

14. 车四进六! 炮5进1　　　15. 车四平七　卒7进1

16. 相五进三　炮5进2　　　17. 马三进五　马7退5

18. 车七平五　马5退7　　　19. 车五平四　车8进6

20. 马五进四　炮6进2　　　21. 车四退一　车8平1

22. 帅五平四　后车平4　　　23. 炮九平五　车1平5

24. 车八进三! 车5退1　　　25. 兵七进一　车4进5

26. 兵七平六　车5平6　　　27. 帅四平五　车6平5

28. 车八进三　卒9进1

29. 车八平四　象7进9

30. 前车平九　卒9进1

31. 车九进三　士5退4

32. 车九退二　象9退7

33. 车四进三! 士4进5

34. 炮五进五　将5平4

35. 炮五平三　车4退1

36. 车九进二　将4进1

37. 相七进五　车4退2

38. 炮三进一　车4平6

39. 车九退一　(图282)

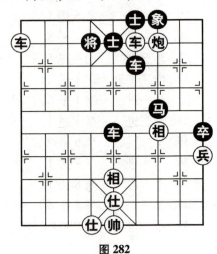

图 282

第 142 局　卢辉胜钟珍

1. 兵七进一　卒7进1

2. 马八进七　马8进7

3. 马二进三　马2进1

4. 兵九进一　炮2进4

5. 炮八平九　炮2平7

6. 相三进五　车1平2

7. 炮九进四　炮8进2

8. 兵九进一　卒3进1　(图283)

9. 兵七进一　炮8平3

10. 车九进四　车9平8

11. 车一平二　车8进6

12. 炮二平一　车8进3

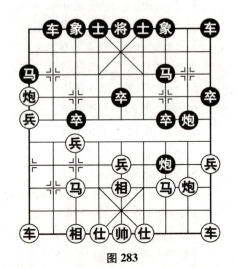

图 283

13. 马三退二　车2进6　　　14. 车九平七　象3进5

15. 马二进三　车2平3　　　16. 车七退一　炮7平3

17. 马七进九　前炮平2　　　18. 炮九平一　炮3进3

19. 兵九进一　马1退2　　　20. 马三进四　炮3退1

21. 马九进八　炮2平5　　　22. 仕四进五　炮3退2

23. 马四进六　炮5退2　　　24. 前炮平三　卒7进1

25. 兵一进一　马2进4　　　26. 兵一进一　马4进6

27. 马八进九！士4进5

28. 兵一平二　马7进9

29. 炮一平四　卒7平6

30. 炮四进五　士5进6

31. 马九进七　将5平4

32. 炮三平二！卒6进1

33. 马七退八　将4平5

34. 马六进七　士6退5

35. 马七退五！炮3平8?

36. 马五进三　马9退8

37. 马三退二　象5进7

38. 炮二平五　将5平4

39. 马二进三　马8进6

40. 马八退七（图284）

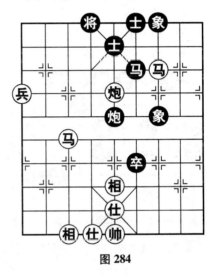

图284

第143局　吕钦胜王斌

1. 兵七进一　卒7进1　　　2. 马八进七　马8进7

3. 炮八平九　马2进3　　　4. 车九平八　车1平2

5. 马二进三　象3进5　　　6. 车八进六　车9进1

7. 车一进一　车9平6　　　8. 炮二平一　炮2平1

9. 车八平七　马7进8（图285）　10. 马七进六　车6进4

11. 马六进五　马3进5　　　12. 车七平五　卒7进1

13. 兵三进一　车6平7　　　14. 相三进五　车7进1

15. 车一平四　车2进7?　　　16. 马三退五　车2进1

17. 车四进七　士4进5　　　18. 车五进一！马8退7

19. 车五退二　炮1平3　　　20. 车四平二　车2平4

21. 马五进三　炮 3 进 7　　22. 仕六进五　炮 3 平 1
23. 车二退一　车 4 平 2　　24. 帅五平六　车 2 进 1
25. 帅六进一　车 2 退 1　　26. 帅六退一　车 2 进 1
27. 帅六进一　车 7 退 3　　28. 马三进四　车 2 退 1
29. 帅六退一　车 2 进 1　　30. 帅六进一　车 2 退 1
31. 帅六退一　车 2 进 1　　32. 帅六进一　车 7 平 2
33. 车二平三！后车进 5　　34. 帅六进一　后车退 1
35. 帅六退一　后车进 1　　36. 帅六进一　炮 1 平 6
37. 相五退七　后车平 5　　38. 炮一平三　炮 6 平 7
39. 炮三平五！象 7 进 9　　40. 车三平一（图 286）

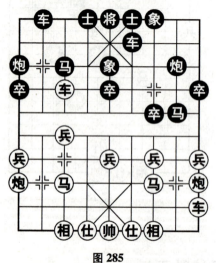

图 285

图 286

第 144 局　　许银川胜崔岩

1. 兵七进一　卒 7 进 1　　2. 马八进七　马 8 进 7
3. 马七进六　马 2 进 3　　4. 炮二平六　车 9 平 8
5. 相三进五　炮 8 平 9　　6. 马二进三　士 4 进 5
7. 炮八平七　车 1 平 2　　8. 车九平八　车 8 进 8
9. 仕四进五　炮 2 平 1　　10. 车八进九　马 3 退 2（图 287）
11. 车一平四　炮 1 进 4　　12. 车四进六　象 3 进 5
13. 马六进五　马 7 进 5　　14. 车四平五　马 2 进 1
15. 车五平一　炮 1 平 7　　16. 炮七平九　车 8 退 2

17. 兵一进一　炮7平6
18. 车一平三　卒1进1
19. 炮六进三　炮6平7
20. 车三平四　卒1进1
21. 炮六平五　卒1平2
22. 兵七进一！卒3进1？
23. 车四平九　车8进1
24. 马三退四　车8进2
25. 炮九进五　炮9平1
26. 车九进一　将5平4
27. 车九进二　将4进1
28. 炮五平六　炮7平9
29. 兵五进一！炮9进3
30. 兵五进一　卒7进1
31. 相五进三　卒3进1
32. 炮六退四　士5进6
33. 车九平五！士6进5
34. 兵五进一　象7进9
35. 兵五进一　象9进7
36. 仕五进六　卒3平4
37. 兵五进一　士6退5
38. 车五退一　将4退1
39. 车五退四　象7退5
40. 车五平六　将4平5
41. 炮六平五（图288）

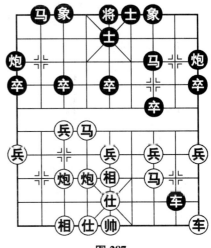

图 287

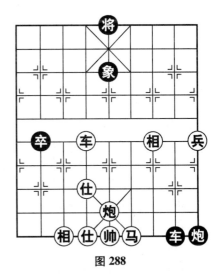

图 288

第 145 局　马有共负陈孝堃

1. 兵七进一　卒7进1
2. 马八进七　马8进7
3. 马二进三　炮2平6
4. 车九平八　马2进3
5. 炮二进四　马7进6
6. 炮二平七　象3进5
7. 车一平二　车9进2
8. 车二进四　炮6退1（图289）
9. 马七进六　卒7进1
10. 车二平三　马6进4

11. 车三平六　炮8平7

12. 马三退五　车1平2

13. 炮八进六　车9平8

14. 车六平四　炮6平9

15. 兵一进一　炮9平7

16. 相三进五　后炮进5

17. 炮七平一　士4进5

18. 马五进七　前炮平8

19. 相五退三　炮8进3

20. 马七进六　车2平4

21. 马六进四?　车4进8!

22. 车四平二　车8进3

23. 马四退二　炮7进2

24. 仕六进五　车4退3

26. 相七进五　车4平9

28. 车八进七　车9退2

30. 车七平八　炮8平5

31. 马三进四　炮5退1

32. 炮八平九　将5平4

33. 车八进二　将4进1

34. 车八退六　车9平6

35. 马四退五　车6进3!

36. 车八进五　将4退1

37. 车八进一　将4进1

38. 马五退七　车6平7

39. 相三进一　车7平3

40. 车八退七?　炮7进3!

41. 炮九平七　车3退1!

42. 马七进五　车3退4（图290）

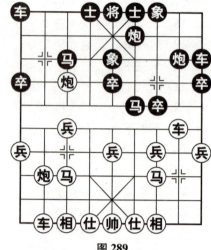

图 289

25. 马二退一　炮8退1

27. 马一进三　炮8退2

29. 车八平七　卒5进1

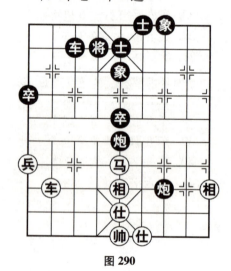

图 290

第146局　刘忆慈负孟立国

1. 兵七进一　卒7进1

2. 马八进七　马8进7

3. 相三进五　马2进1

4. 兵九进一　炮2平4

5. 炮八进五　象 7 进 5

6. 车九平八　车 1 平 2（图 291）

7. 炮二平三　马 7 进 8

8. 炮八退二　马 8 退 7

9. 马二进四　车 2 进 1

10. 车一平二　车 9 平 8

11. 车二进四　车 2 平 6

12. 车八进一　炮 8 平 9

13. 车二进五　马 7 退 8

14. 炮八退三　十 6 进 5

15. 马四进二　将 5 平 6

16. 仕六进五　炮 9 进 4

17. 车八平六　马 8 进 7

18. 车六进三　车 6 平 8

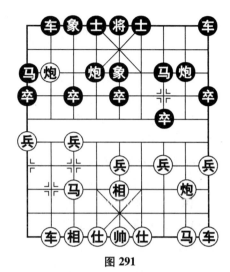

图 291

20. 马三进四　将 6 平 5

22. 炮三平一　炮 9 退 1

24. 炮九进四　卒 3 进 1

26. 炮九退一　炮 8 进 4

28. 炮一退一　炮 8 平 9

30. 车七平三　马 1 进 3

31. 炮一平三　马 3 进 1

32. 兵九进一　马 7 进 6

33. 车三进二　马 6 进 8

34. 车三平五? 车 8 平 7

35. 炮三平一　马 8 进 9!

36. 帅五平六　马 9 进 7

37. 马七进八　车 7 退 3

38. 帅六进一　车 7 平 4

39. 仕五进六　车 4 平 3!

40. 仕六退五　车 3 进 4

41. 帅六退一　车 3 进 1

42. 帅六进一　车 3 退 1

43. 帅六退一　车 3 退 3（图 292）

19. 马二退三　车 8 进 3

21. 炮八平九　卒 9 进 1

23. 车六平四　卒 3 进 1

25. 车四平七　炮 9 平 8

27. 相五退三　车 8 进 3

29. 兵三进一　卒 7 进 1

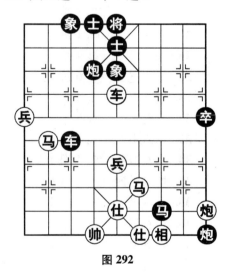

图 292

第147局　孟辰负郑一泓

1. 兵七进一　卒7进1　　　2. 马八进七　马8进7
3. 马七进六　车9进1　　　4. 炮二平五　象3进5
5. 马二进三　车9平4　　　6. 炮八进二　马2进1
7. 车一平二　炮8平9
8. 马六进七　车4进5（图293）
9. 车二进四　车4平2

10. 炮八平九　车2退3
11. 兵七进一　象5进3
12. 马七进六　炮2平4
13. 兵三进一　卒7进1
14. 车二平三　象3退5
15. 马六退四　炮9平6
16. 车三进三　士4进5
17. 车三退一　卒1进1
18. 炮九平三　车1平3
19. 马三进四　车3进4

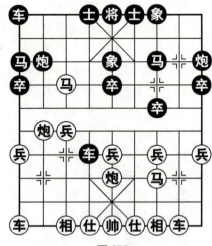

图293

20. 炮五进四　将5平4　　　21. 相七进五　车3平6
22. 马四退三　马1进2　　　23. 车九平七　车2平4
24. 兵五进一　炮4平3　　　25. 炮三平二　炮6平7
26. 马三进五? 车6进2!　　27. 兵五进一　车6平5
28. 炮五退三　车4平7　　　29. 仕六进五　车7进3
30. 车七平六　炮3平4　　　31. 车六进三　车7平6
32. 车六平八　马2进4　　　33. 车八进六　将4进1
34. 车八退一　将4退1　　　35. 车八进一　将4进1
36. 炮二进四　士5进6　　　37. 车八退一　将4退1
38. 车八进一　将4进1　　　39. 车八退一　将4退1
40. 车八退一　象5退3　　　41. 炮五进一　车6退1
42. 炮五退一　马4进6　　　43. 仕五进四　车6平5
44. 炮五平六　车5平4（图294）

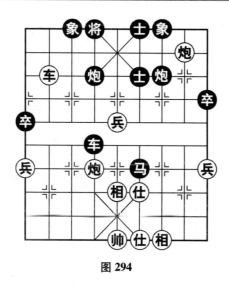

图 294

第 148 局 谢岿胜金松

1. 兵七进一	卒 7 进 1	2. 马八进七	马 8 进 7
3. 马七进六	炮 2 平 5	4. 马二进三	马 2 进 3
5. 炮八平七	车 1 平 2	6. 相三进五	车 2 进 4
7. 马六进七	炮 5 平 6	8. 车九进一	象 7 进 5
9. 车一进一	炮 8 进 1	10. 马七退六	士 6 进 5

11. 车一平四 马 3 进 4

12. 炮二退一 炮 8 平 6（图 295）

13. 车四平八 车 2 进 4

14. 车九平八 车 9 平 8

15. 炮二平四 车 8 进 8

16. 炮四平七! 象 3 进 1

17. 仕六进五 车 8 退 1

18. 兵三进一 卒 7 进 1

19. 车八进四! 车 8 退 3

20. 相五进三 马 4 进 6

21. 车八平二 马 7 进 8

22. 马三进四 马 8 进 6

23. 前炮平五 后炮平 8

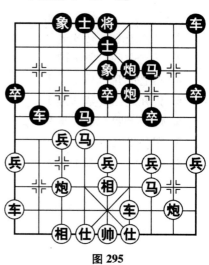

图 295

24. 相三退一　炮6平7	25. 仕五进四　炮8进6
26. 相一进三　炮8进1	27. 仕四进五　炮8平3
28. 炮七平六　炮3退3	29. 兵一进一　炮7退2
30. 马六进四　炮7平9	31. 仕五进六　马6进5
32. 马四进二!　炮9平6	33. 相三退五　炮3平2
34. 炮六平九　炮2退5	
35. 炮九进五　炮2平1	
36. 炮九平八　炮1进5	
37. 马二退四　炮1退3	
38. 马四进五!　士5进4	
39. 马五进三　将5平6	
40. 马三退二　炮6平5	
41. 马二退四　卒5进1	
42. 兵七进一　炮1进2	
43. 兵七平六　炮1平6	
44. 马四进三　将6进1	
45. 马三退五　将6退1	
46. 兵六平五　（图296）	

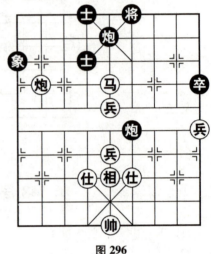

图 296

第 149 局　张申宏负苗永鹏

1. 兵七进一　卒7进1	
2. 马八进七　马8进7	
3. 马二进一　象7进5	
4. 相七进五　马2进1	
5. 兵九进一　卒9进1	
6. 炮二平四　炮8平9	
7. 车一平二　车1进1	
8. 仕六进五　车1平6　（图297）	
9. 兵九进一　卒1进1	
10. 车九进五　车9平8	
11. 车二进九　马7退8	
12. 马七进六　炮2进3	
13. 马六进四　车6平7	

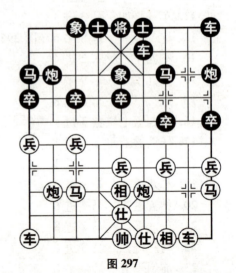

图 297

14. 炮八平九	马8进7	15. 炮九进五	象3进1
16. 马四进三	车7进1	17. 车九进二	车7平6
18. 车九平八	炮2平1	19. 车八平七	炮9进1
20. 马一退三?	士6进5	21. 马三进二	炮9进3
22. 车七退一	车6平8!	23. 炮四进一	卒9进1
24. 车七平九	炮1平2	25. 车九平五	卒7进1!
26. 车五平四	炮9平7	27. 兵五进一	卒9进1
28. 马二退三	炮2平5	29. 帅五平六	炮7进1!
30. 炮四平五	车8进6	31. 炮五进四	士5进4
32. 车四平六	车8平7	33. 车六进一	炮5平6
34. 车六退三	炮6进3!		
35. 相三进一	卒7进1		
36. 车六平五	车7平8		
37. 炮五平三	士4进5		
38. 炮三退五	卒7进1		
39. 兵七进一	卒9进1		
40. 兵七平六	车8退2		
41. 兵六平五	车8平4		
42. 帅六平五	炮6退2		
43. 相五退三	卒9平8		
44. 兵五进一	将5平4		
45. 仕五进六	车4进1		
46. 车五平八	炮6退6（图298）		

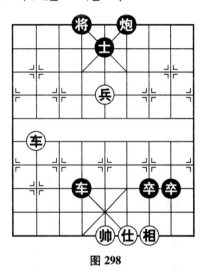

图 298

第150局　王斌胜曹岩磊

1. 兵七进一	卒7进1	2. 马八进七	马8进7
3. 炮二平六	车9进1	4. 马二进三	卒3进1
5. 兵七进一	车9平3（图299）	6. 炮八退一	车3进3
7. 车九进二	炮2平3	8. 马三退五	马2进1
9. 车九平八	车3平4	10. 马七进八	车4平2
11. 车一平二	马1进3	12. 马五进七	炮8进2
13. 车二进四	象3进5	14. 相七进五	士4进5
15. 车八平九!	马3进2	16. 马七进八	车2平3

17. 炮八平三　卒 1 进 1

18. 炮六平七　车 3 平 2

19. 炮三平八　车 2 平 6

20. 马八进七　炮 3 进 5

21. 车九平七　车 6 平 3

22. 车七进三　炮 8 平 3

23. 车二平八　马 7 进 6

24. 车八平四　车 1 进 3

25. 炮八平七　炮 3 平 2

26. 马七退八　马 6 退 7

27. 炮七平九　车 1 平 3

28. 炮九进四　车 3 进 3

29. 兵九进一　车 3 平 5

30. 马八进六　炮 2 进 5

32. 车四平八　车 4 退 2

34. 炮九进二　马 7 进 6

35. 车八进九　士 5 退 4

36. 兵九进一　车 4 退 1

37. 兵九进一　车 4 退 1

38. 兵九平八　马 6 进 4

39. 仕五进四　车 4 进 1

40. 炮九进二！车 4 平 1

41. 炮九平六　车 1 进 5

42. 帅五进一　将 5 进 1

43. 车八退一　将 5 退 1

44. 车八平六　马 4 进 6

45. 炮六平八　车 1 退 9

46. 炮八退一　卒 5 进 1

47. 车六退五！（图 300）

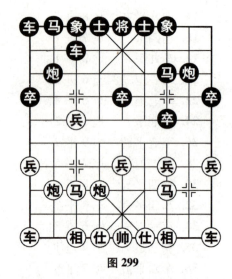

图 299

31. 仕六进五　车 5 平 4

33. 车八退四　车 4 进 1?

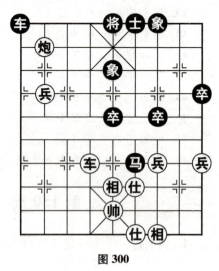

图 300

第 151 局　吕钦胜付光明

1. 兵七进一　卒 7 进 1　　　　**2.** 马八进七　马 8 进 7

3. 炮八平九　马 2 进 3　　　　**4.** 车九平八　车 1 平 2

5. 炮二平六　象7进5

6. 马二进三　马7进8

7. 车八进六　士6进5

8. 炮九进四　车9平6（图301）

9. 炮九平七　炮2平1

10. 车八进三　马3退2

11. 相三进五　卒5进1

12. 仕四进五　车6进3

13. 马七进六　炮1平4

14. 车一平四　车6平7

15. 炮六平七　车7平4

16. 马六退四　车4平5

17. 前炮进二　马8进7

18. 车四平二　卒7进1

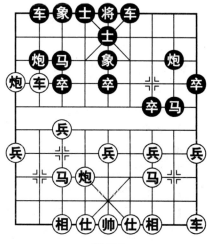

图 301

20. 车二进三　炮4进4

22. 炮八平六　象3进1

24. 车二进二　炮4进2

26. 车二进四　士5退6

28. 炮一进一　马5退7

30. 相五进三　车7进2

32. 兵五进一　车7进2

34. 兵五进一　车7退4

36. 帅五进一　炮4平2

37. 炮七平三！象7退9

38. 兵五进一！炮6进4

39. 兵五进一　将5平4

40. 兵九进一　炮6平9

41. 兵九进一　卒9进1

42. 兵九平八　卒9进1

43. 炮三平六　炮2退3

44. 兵八平七　象1进3

45. 兵七进一　卒9平8

46. 兵七平六！炮2平4

47. 兵六进一（图302）

19. 前炮平八　炮8平6

21. 马四退三　车5平2

23. 炮六平七　车2平7

25. 仕五进六　马2进3

27. 前炮平一！马3退5

29. 车二退四　士4进5

31. 炮七进一　前马退5

33. 兵五进一！车7进1

35. 车二平三　象5进7

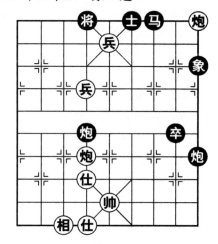

图 302

163

第 152 局　陈寒峰胜黄海林

1. 兵七进一　卒7进1
2. 马八进七　马8进7
3. 炮二平六　车9平8
4. 马二进三　马2进1
5. 炮八进四　炮2平4
6. 炮六平五　卒3进1
7. 兵七进一　象3进5
8. 马七进六　车1平3（图303）
9. 车一平二　车3进4
10. 马六进五　车3退1
11. 车九平八　马7进6
12. 炮八进二　车8进1
13. 马五退三　车3平7
14. 兵三进一！车8平3
15. 兵五进一　马6进4
16. 仕四进五　炮8平9
17. 后马进四！车7平4
18. 兵五进一　马4进5
19. 相三进五　象5进7
20. 兵三进一　士4进5
21. 车二进三　车4进2
22. 马四进六　炮9平5
23. 炮八退五　车4进1
24. 车二平六　炮4进4
25. 炮八平七　车3进3
26. 兵九进一　马1进3
27. 兵三平四　炮5平8
28. 车八进九　士5退4
29. 车八平七！象7进5
30. 车七退一　马3退4
31. 车七平八　炮8退1
32. 车八退四　象5退7
33. 车八平三　马4进6
34. 兵四进一　马6进4
35. 炮七平九　炮8平4
36. 车三退一　前炮退1
37. 车三进一　前炮进1
38. 车三退一　前炮进2
39. 炮九进三　后炮平3
40. 相七进九　炮4平1
41. 车三平八　士6进5
42. 车八进三　马4进2
43. 炮九进三　炮3退1
44. 兵四进一　士5进6
45. 车八平五　士6退5
46. 车五平三！马2进3
47. 车三进三　士5退6
48. 马六进五！马3进5
49. 马五进四（图304）

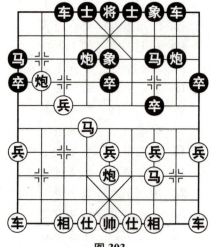

图 303

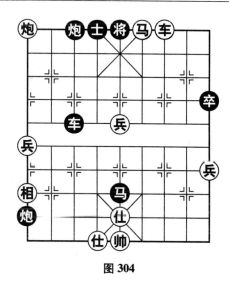

图 304

第153局 任德纯负何顺安

1. 兵七进一　卒7进1
2. 马八进七　马8进7
3. 马二进三　象7进5
4. 车九进一　马2进1
5. 相三进五　炮2平4
6. 炮二进二　士6进5
7. 车九平四　卒1进1
8. 兵九进一　马1进2（图305）
9. 兵九进一　车1进4
10. 炮八进二　马2退1
11. 仕四进五　卒3进1
12. 车四进三　车9平6
13. 车一平四　炮4平3
14. 前车进五　士5退6
15. 马七进六　卒3进1
16. 炮二平七　车1平4
17. 车四进四　马1进2
18. 兵三进一　炮8退1
19. 兵三进一　车4平7
20. 马三进二　马2进4

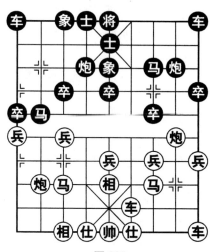

图 305

21. 炮八平六　士6进5
22. 车四平三　车7平8
23. 马二退三　炮3平4

24. 马三进四　车8平6　25. 炮六退二　炮8平6

26. 马四退三　炮6平7　27. 车三平四　车6平5

28. 兵五进一　车5平7　29. 马三进二　车7平8

30. 炮六平七　炮7退1　31. 马二退四　马7进6

32. 兵五进一　卒5进1　33. 马四进六　炮4进2

34. 车四平三　炮7平6　35. 马六进四　炮4平6

36. 仕五退四　前炮进2　37. 后炮退一　前炮平8

38. 后炮平二　车8平6

39. 仕六进五　车6退1

40. 炮七退三　炮6进2

41. 车三退一　炮8退1

42. 车三平二　炮8平2

43. 车二进六　炮6退2

44. 仕五退六　卒5进1

45. 炮二进五　士5进6

46. 仕四进五　卒5进1

47. 炮二退五　炮2进4

48. 相五进七　卒5平4

49. 车二退六　象5进3！

50. 炮二平四？车6平5！

51. 炮四进八　车5进5！（图306）

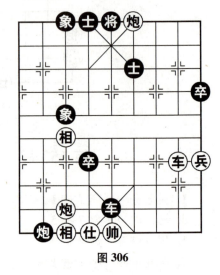

图306

第154局　赵汝权胜翁德强

1. 兵七进一　卒7进1　2. 马八进七　马8进7

3. 马二进三　车9进1　4. 车一进一　马2进1

5. 相七进五　卒3进1　6. 兵七进一　车9平3

7. 马七进六　车3进3　8. 车九平七　车3平4

9. 车七进四　炮2平4　10. 炮八平六　车4平5（图307）

11. 仕四进五！炮4进5　12. 仕五进六　车5平4

13. 车一平四　车1进1　14. 车四进三　车1平3

15. 车七进四　马1退3　16. 炮二退一　马3进5

17. 炮二平七　士4进5　18. 仕六退五　车4平3

19. 炮七进三　卒1进1　20. 车四平二　炮8平9

21. 兵三进一　车3平4

22. 马六退四　卒7进1

23. 车二平三　马7进8

24. 车三进五！炮9平7

25. 车三平二　马5进7

26. 车二退三　马7进6

27. 马三进四　马8进6

28. 兵五进一！车4平8

29. 车二平一　马6进8

30. 车一平五　炮7进4

31. 兵一进一　炮7平1

32. 兵五进一　马8退6

33. 车五平四　马6进4

34. 炮七平五！象3进5

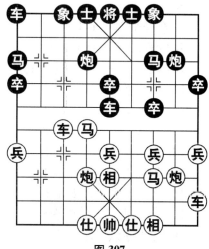

图307

35. 兵五进一　车8进5

37. 仕六进五　马4进2

39. 帅六进一　马3退2

36. 仕五进六　炮1进3

38. 帅五平六　马2进3

40. 帅六退一　马2进3

41. 帅六进一　炮1退3

42. 仕五退四　将5平4

43. 炮五平三　车8退1

44. 炮三退三　象5退7

45. 车四退一　炮1进2

46. 车四平七　将4平5

47. 仕六退五　马3退2

48. 车七退二　车8退2

49. 车七平八　车8平6

50. 车八进七　士5退4

51. 车八平六　将5进1

52. 车六退四（图308）

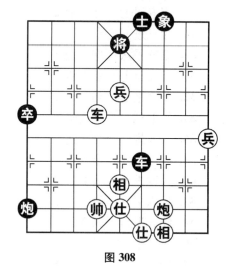

图308

第155局　庄玉庭胜李洪斌

1. 兵七进一　卒7进1

3. 马八进七　马8进7

2. 马二进一　炮8平5

4. 相七进五　马2进1

5. 车一进一　车9平8　　　6. 炮二平四　炮2平3

7. 车一平六　车1平2　　　8. 车九平八　车2进4

9. 仕六进五　士6进5

10. 兵一进一　卒1进1（图309）

11. 炮八平九　车2进5

12. 马七退八　炮5进4

13. 马八进七　炮5退2

14. 车六进四　象7进5

15. 炮九进三　炮5平1

16. 车六平九　车8平6

17. 兵九进一　车6进5

18. 车九平六　卒3进1

19. 兵七进一　车6平1

20. 马七进六　炮3平4

21. 马六退八　车1平9

22. 马八进九　卒9进1

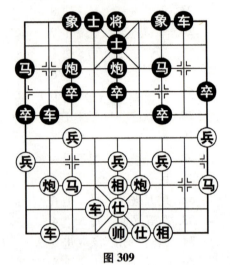

图 309

24. 相五退七　马1退2

26. 相三进五　车1平2

28. 车三平六　炮1退1

30. 马九退七　象1进3

32. 车六平七　马3进2

34. 车七进一　马2进4

36. 兵三进一　马7进9

38. 兵三平四　卒9进1

40. 兵四进一　马8进6

42. 兵六平五　炮1平8

44. 仕五退六　马3退4

46. 车二平六　马7退6

48. 帅五平四　马4进6

50. 马四进二　车2退3

52. 兵四进一　士5进6

54. 车六退一（图310）

23. 兵七进一　车9平1

25. 炮四平七　卒9进1

27. 车六平三！炮4平1

29. 兵三进一　象3进1

31. 兵七平六！马2进3

33. 炮七平九　炮1进3

35. 车七退一　炮1进2

37. 车七平六　马4进3

39. 马一进三　马9进8

41. 马三退四　马6进7

43. 车六平二　象5进3

45. 仕四进五　炮8平3

47. 马四进五　马6进7

49. 马五进四　象3退1

51. 兵五进一！将5平6

53. 车六进四　将6进1

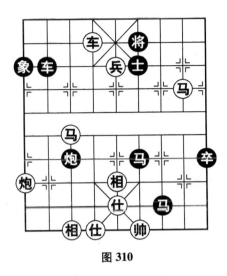

图 310

第 156 局　周德裕胜张锦荣

1. 兵七进一　卒 7 进 1
2. 马八进七　马 8 进 7
3. 马二进三　象 3 进 5
4. 相三进五　炮 2 平 3
5. 马七进六　炮 8 进 3
6. 马六进七　马 2 进 4
7. 炮八平七　马 4 进 3
8. 炮七进四　车 1 平 2（图 311）
9. 炮二退一　炮 8 平 4
10. 车九进二　炮 4 进 3
11. 车九平六　炮 4 平 2
12. 车一平二　车 9 平 8
13. 炮二进五　士 4 进 5
14. 炮二平三　车 8 进 9
15. 马三退二　车 2 进 6
16. 马二进三　炮 2 进 1
17. 仕四进五　卒 9 进 1
18. 兵九进一　马 7 进 9
19. 炮三平四　马 9 退 7
20. 炮四平三　炮 3 平 1
21. 兵七进一　马 7 进 9
22. 炮三平四　车 2 退 1
23. 车六进四！卒 5 进 1

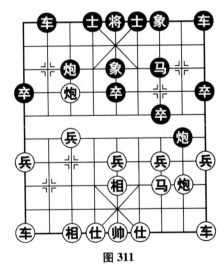

图 311

24. 炮四进一　炮1平6　　　25. 炮七平一　炮2平1
26. 兵七平六　卒5进1　　　27. 兵六平五　卒5平6
28. 车六平四　炮6平7　　　29. 车四平三　炮7平8
30. 前兵进一　卒6进1　　　31. 前兵进一　象7进5
32. 炮一进三　炮8退2　　　33. 兵三进一！炮8平7
34. 兵三进一　车2平7　　　35. 马三退四　车7进1
36. 兵五进一　炮1退3　　　37. 兵五进一　炮7平8
38. 车三平四　卒6平5　　　39. 兵五进一　象5退3
40. 车四退一　卒5进1　　　41. 马四进五　车7平5
42. 兵五平四　炮1平9
43. 炮一退六　车5平9
44. 兵三平二　炮8进2
45. 兵四进一　车9退1
46. 兵二进一　炮8退2
47. 兵四进一　炮8平8
48. 车四平三　炮7平9
49. 车三进四　炮9进2
50. 车三退二　炮9退2
51. 车三平一　炮9平7
52. 兵四平三　车9平8
53. 兵三进一　车8退2
54. 车一平七　士5退4
55. 兵三平四（图312）

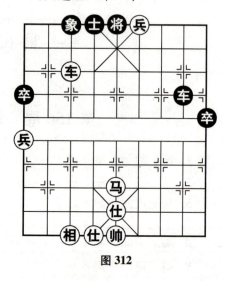

图312

第157局　许国义胜李林

1. 兵七进一　卒7进1　　　2. 马八进七　马8进7
3. 马七进六　马2进3　　　4. 炮二平六　象3进5
5. 炮八平七　车1平2　　　6. 车九平八　车9进1
7. 马二进三　马7进8　　　8. 相三进五　炮2进3（图313）
9. 马六进七　车9平4　　　10. 仕四进五　炮2进1
11. 车一平四　士4进5　　　12. 车四进四　车4进5
13. 兵三进一　卒7进1　　　14. 车四平三　炮2平5
15. 车八进九　马3退2　　　16. 车三平六　车4退1

17. 马七退六　炮 5 退 2

18. 炮七进一！马 8 进 7

19. 马六退四　炮 8 进 4

20. 炮七平三　炮 8 平 6

21. 兵一进一　马 2 进 3

22. 炮三平一　马 3 进 2

23. 马三进四　炮 5 平 6

24. 马四进六　后炮平 5

25. 炮六进一　卒 1 进 1

26. 炮一进三　马 2 进 1

27. 马六进八　炮 6 退 5

28. 炮六平五！将 5 平 4

29. 炮一平四　马 1 退 2

30. 炮四退一　炮 6 进 2

32. 马七退六　炮 6 平 4

34. 帅五平四　卒 1 进 1

36. 兵七进一　炮 3 平 1

38. 炮四进二　将 4 平 5

40. 炮六平五　将 5 平 4

42. 兵一进一　炮 6 平 1

43. 炮五退三　前炮平 4

44. 炮二进四　将 4 进 1

45. 炮二退五　卒 2 平 3

46. 炮五进一　炮 1 进 1

47. 兵一进一　卒 3 进 1

48. 兵一平二　将 4 退 1

49. 兵二平三　炮 4 平 6

50. 炮二进五　炮 6 退 5

51. 炮五进四！将 4 进 1

52. 炮五进一　士 6 进 5？

53. 炮五退二　炮 6 退 1

54. 炮二平四　士 5 退 6

55. 炮五退三（图 314）

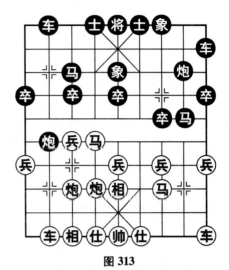

图 313

31. 马八进七　马 2 退 4

33. 炮五进三　炮 4 平 3

35. 炮五平六！卒 1 平 2

37. 炮四退二　炮 5 进 2

39. 兵七平六　炮 5 平 1

41. 炮四平二　前炮平 6

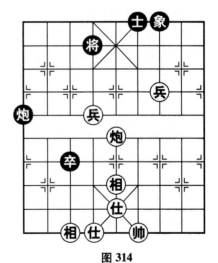

图 314

第 158 局　黄竹风胜李晓晖

1. 兵七进一	卒 7 进 1	2. 马二进一	马 8 进 7
3. 马八进七	象 3 进 5	4. 相七进五	车 9 进 1
5. 炮二平四	车 9 平 6		
6. 仕六进五	马 7 进 8（图 315）		

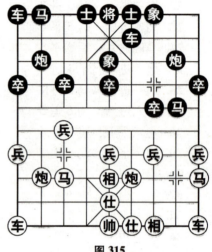

图 315

7. 兵一进一	马 2 进 3		
8. 马一进二	炮 2 进 2		
9. 炮八进二	士 4 进 5		
10. 兵一进一	卒 9 进 1		
11. 车一进五	炮 8 进 3		
12. 炮八平二	马 8 退 7		
13. 车一退一	车 1 平 4		
14. 炮二平四	车 6 平 4		
15. 车一平二	车 4 进 4		
16. 前炮平六	马 7 进 6		
17. 炮六退四	马 6 进 7		
18. 车九平八	车 9 进 4?	19. 车二退一	马 7 退 6
20. 仕五进六!	车 4 平 5	21. 马七进六	炮 2 平 4
22. 马六退四!	车 5 进 2	23. 炮六进五	车 9 平 4
24. 炮六平八	车 4 进 1	25. 炮四进三	车 5 平 6
26. 车二平四	车 4 平 6	27. 炮四平六	车 6 平 4
28. 炮六平四	车 4 平 6	29. 炮四平六	车 6 平 1
30. 炮八进二	车 1 平 4	31. 炮六平四	车 4 平 6
32. 炮四平六	车 6 平 4	33. 炮六平四	车 4 退 6
34. 炮四退四	卒 3 进 1	35. 兵七进一	象 5 进 3
36. 车八平七	车 4 平 2	37. 炮四平三!	士 5 退 4
38. 炮三进八	士 6 进 5	39. 炮八平九	象 3 退 1
40. 车七进七	车 2 进 9	41. 相五退七	卒 7 进 1
42. 相三进五	卒 7 平 6	43. 车七退三	卒 6 进 1
44. 仕六退五	卒 6 平 5	45. 车七平五	前卒进 1
46. 车五退二	车 2 平 3	47. 仕五退六	车 3 退 6
48. 炮三平一	象 1 退 3	49. 车五平二	将 5 平 6

50. 车二进七　将 6 进 1
51. 车二退七　车 3 退 1
52. 炮一退七　将 6 退 1
53. 仕四进五　卒 5 进 1
54. 车二进七　将 6 进 1
55. 车二退四　卒 5 进 1
56. 炮一平四　将 6 退 1
57. 车二进四　将 6 进 1
58. 车二退三　（图 316）

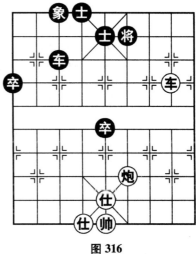

图 316

第 159 局　谢卓淼胜程龙

1. 兵七进一　卒 7 进 1
2. 马八进七　马 8 进 7
3. 马二进三　象 7 进 5
4. 相三进五　马 2 进 1
5. 车九进一　车 1 进 1
6. 车九平四　车 1 平 4
7. 车四进三　士 6 进 5
8. 兵三进一　车 4 进 3
9. 仕四进五　卒 1 进 1
10. 炮二进四　炮 8 退 2
11. 炮二平三　炮 8 平 7
12. 炮三进三　车 9 平 7（图 317）
13. 兵三进一　车 4 平 7
14. 马三进二　后车平 6
15. 车四进五　士 5 退 6
16. 车一平四　士 6 进 5
17. 车四进六　卒 3 进 1
18. 兵七进一　车 7 平 8
19. 车四退二　车 8 平 3
20. 马七进六　车 3 平 8
21. 马二进四　马 7 进 6
22. 马六进四　炮 2 平 4
23. 马四退六　炮 4 进 2

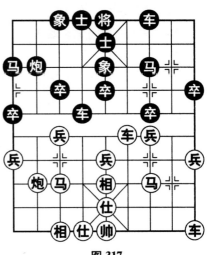

图 317

24. 炮八进四　卒9进1　　　25. 马六进四　卒5进1
26. 马四进三　车8平7　　　27. 马三退五　车7平6
28. 车四平六　炮4退2　　　29. 车六进一　车6进1
30. 车六平五　车6平2　　　31. 炮八平六　卒9进1
32. 兵一进一　车2平9　　　33. 车五平九　车9进1
34. 车九平五　马1退3　　　35. 炮六平七　马3进1
36. 炮七平六　马1退3　　　37. 炮六平七　马3进1
38. 炮七平六　马1进3　　　39. 车五退一　车9进3
40. 仕五退四　车9退5　　　41. 炮六退五　马3退1
42. 炮六平二　马1进2　　　43. 兵九进一　马2进3
44. 车五平七！马3进4　　　45. 仕六进五　马4退5
46. 车七平五　马5进3?　　　47. 炮二进一　马3退1
48. 车五退一　车9平8
49. 炮二平四　马1进2
50. 车五平八　车8平5
51. 马五进七　车5平3
52. 马七退九　车3退1
53. 马九进八　车3退2
54. 车八退二　炮4退1
55. 马八退九　车3进2
56. 兵九进一　炮4进2
57. 马九进八　车3进1
58. 兵九进一　车3退3
59. 车八进五　炮4进5
60. 马八退七！（图318）

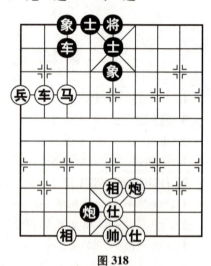

图318

第四章　其　他

第160局　邱东负谢靖

1. 兵七进一　卒 7 进 1
2. 兵三进一　卒 7 进 1
3. 相三进五　马 8 进 7
4. 马二进四　马 7 进 6
5. 马八进七　炮 2 平 6
6. 车九进一　马 2 进 3
7. 车一平三　车 1 平 2
8. 炮八进二　象 7 进 5（图319）
9. 炮八平三　车 2 进 4
10. 炮二进三　车 2 进 3
11. 炮三退二　车 9 平 7
12. 炮二退四　车 2 平 3
13. 马四进二？车 3 退 1
14. 马二进三　炮 6 平 7!
15. 车九平四　马 6 进 5
16. 炮三进五　车 7 进 2
17. 车三进三　马 5 退 4
18. 车三平七　马 4 进 3
19. 炮二平三　炮 8 进 7!
20. 仕四进五　车 7 平 8
21. 车四进二　车 8 进 6
22. 炮三平四　车 8 平 7
23. 车四平七　车 7 进 1
24. 炮四退一　车 7 退 4（图320）

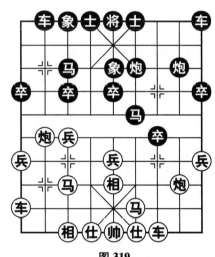

图 319

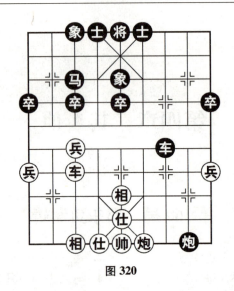

图 320

第 161 局　陈泓盛负于幼华

1. 兵七进一	卒 7 进 1	2. 炮八平六	炮 8 平 5
3. 炮二平五	马 8 进 7	4. 马二进三	车 9 平 8
5. 马八进七	马 2 进 1		
6. 车九平八	炮 2 平 4 （图 321）		
7. 相三进一	卒 1 进 1		
8. 仕四进五	车 1 进 1		
9. 车一平四	车 8 进 1		

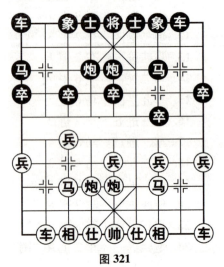

图 321

10. 车八进六	车 1 平 6		
11. 车四进八	车 8 平 6		
12. 车八平九	车 6 平 2！		
13. 车九退一	马 1 进 2		
14. 马七进八	炮 4 进 3		
15. 兵七进一	卒 3 进 1		
16. 马八进六	炮 4 平 3		
17. 相七进九	炮 3 进 3		
18. 车九退一	炮 5 平 2！	19. 车九进一	炮 2 平 1
20. 车九退一	象 7 进 5	21. 仕五退四	炮 1 平 2
22. 相九退七	炮 3 平 1	23. 车九平四	炮 1 平 4

24. 马六进四 马2进3
25. 相一退三 炮2进3
26. 兵三进一？ 马3退4！（图322）

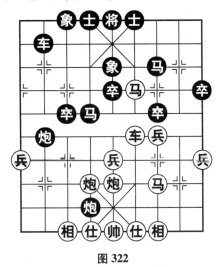

图 322

第 162 局 吕钦胜黄海林

1. 兵七进一 卒7进1
2. 炮八平六 象3进5

3. 马八进七 马2进3
4. 车九平八 车1平2

5. 马二进三 马8进7
6. 炮二进四 马7进6

7. 炮二平七 车9进1

8. 车一平二 炮8平7（图323）

9. 车八进五 车9平4

10. 仕四进五 炮7进1

11. 兵七进一！ 卒7进1

12. 车二进五 炮7进1

13. 兵三进一 炮7平3

14. 车二平四！ 炮3进5

15. 炮七退六 马3进2

16. 帅五平四！ 车4平7

17. 车四平八 车2进1

18. 炮六平五 车2平6

19. 帅四平五 车7进4

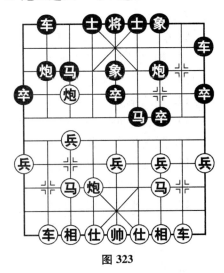

图 323

20. 马三退四　炮2平4
21. 炮五进四　士6进5
22. 相三进五　车7退2
23. 马七进六　将5平6
24. 炮七进六　车7进3
25. 炮五平九　车7平5
26. 炮九进三　象5退3
27. 车八进四　车6进2
28. 炮七进二　炮4平3
29. 马四进三（图324）

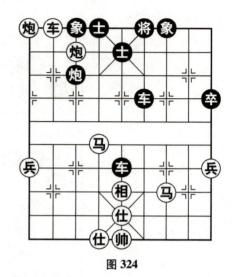

图 324

第 163 局　黄竹风胜朱晓虎

1. 兵七进一　卒7进1
2. 炮八平六　马8进7
3. 马八进七　马2进3
4. 车九平八　车1平2
5. 马二进三　炮2进4
6. 马七进六　车9进1（图325）
7. 兵七进一！炮2进1
8. 炮六进七！马3退4
9. 车八进二　车2进7
10. 炮二平八　卒3进1
11. 车一平二　炮8进2
12. 炮八平五　马4进3
13. 车二进四　马3进4
14. 兵三进一　象7进5
15. 兵三进一　象5进7
16. 马三进四！马4进6
17. 车二平四　车9平4
18. 炮五平六　车4平8

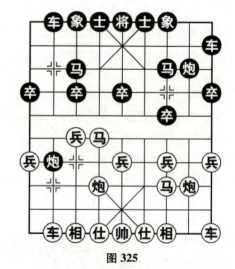

图 325

19. 相七进九　车8进1
20. 车四平三　马7进6?
21. 马六进四　炮8平6
22. 车三进一　炮6进2
23. 车三平七　象3进1

24. 车七进一　炮6平1
25. 兵一进一！炮1退2
26. 炮六平一　炮1平7
27. 炮一进四　卒1进1
28. 兵一进一　炮7退3
29. 车七平九　车8平5
30. 兵一平二　卒1进1
31. 兵二进一　炮7平9
32. 兵二平三　卒1平2
33. 兵三平四（图326）

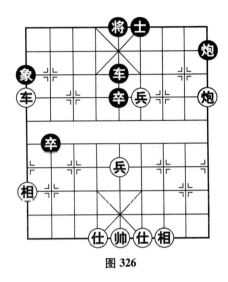

图 326

第 164 局　　庄玉庭胜蒋全胜

1. 兵七进一　卒7进1
2. 炮八平六　炮8平5
3. 炮二平五　炮5进4
4. 仕六进五　炮2平5
5. 马二进三　前炮退1
6. 车一平二　马8进7
7. 车二进六　车1进2
8. 车二平三　车1平4（图327）
9. 炮六退二！车9进2
10. 马八进七　车4进5？
11. 马七进八　马2进1
12. 车九平八　车4退5
13. 车三退一　前炮退1
14. 马八进九　后炮退1
15. 车八进三　象7进5
16. 车三进一　车9平8
17. 马三进五　后炮平7
18. 车三平四　马7进8
19. 车四平三　马8退7
20. 车三平四　炮5平7
21. 相三进一　车4进3
22. 车四进二　车8进4
23. 兵三进一！前炮平9

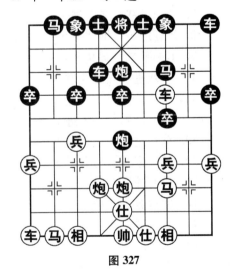

图 327

24. 仕五进六　车4进2
25. 仕四进五　车4平5？
26. 相七进五　炮7退1
27. 车八平七　炮9平5
28. 马五进六　车8进2
29. 车七平五　士6进5
30. 马九进七　车8退4
31. 马六进八　马7进6
32. 车五平四　马6退7
33. 马七进八！车8进4
34. 后车平五（图328）

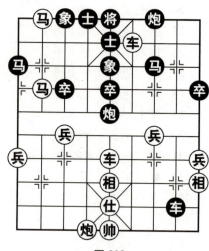

图328

第165局　汪洋负黎德志

1. 兵七进一　卒7进1
2. 炮八平六　车1进1
3. 马八进七　车1平4
4. 仕四进五　车4进3
5. 车九平八　马8进7
6. 炮二平五　马2进1
7. 马二进三　卒1进1
8. 兵五进一　炮2平5（图329）
9. 车一平二　车9平8
10. 车八进三　炮8进3
11. 车八平四　士4进5
12. 相七进九　马1进2
13. 车二进三　卒3进1
14. 马三进五　马2进3
15. 兵七进一　车4平3
16. 炮六退一　马7进6！
17. 炮六平七　马6进4
18. 相九进七　马4进3
19. 炮七进二　马3退5！
20. 车四平五　车3进1
21. 炮五平七　车3平5
22. 车五进一　炮5进3
23. 相三进五　车8进2

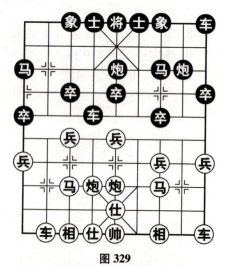

图329

24. 前炮进一　炮 5 退 1
25. 后炮平九　卒 7 进 1！
26. 炮七平二　卒 7 平 8
27. 车二退三　卒 8 进 1
28. 兵三进一　象 3 进 5
29. 炮九进三　卒 8 进 1
30. 炮九平六　卒 8 进 1
31. 车二平四　车 8 进 5
32. 车四进六　车 8 平 5
33. 车四平五　卒 8 平 7
34. 炮六退四　炮 5 平 3！
35. 车五平七　车 5 退 4（图 330）

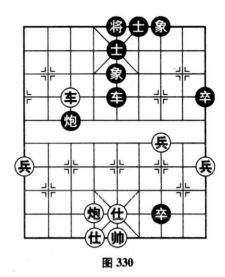

图 330

第 166 局　陶汉明胜柳大华

1. 兵七进一　卒 7 进 1
2. 炮八平四　炮 2 平 5
3. 马八进七　马 2 进 3
4. 仕六进五　马 8 进 7
5. 相七进五　车 1 平 2
6. 炮二进四　车 2 进 4
7. 炮二平七　象 3 进 1
8. 马二进一　马 7 进 8（图 331）
9. 车九平六　卒 9 进 1
10. 车六进四　炮 5 平 6
11. 马一退三　士 4 进 5
12. 兵三进一　象 7 进 5
13. 兵三进一　车 2 平 7
14. 马三进四　车 7 进 2
15. 炮四进五　士 5 进 6
16. 车六进一　炮 8 进 1？
17. 车六平二　炮 8 平 3
18. 马七进六　炮 3 平 2
19. 兵七进一！　炮 2 退 2
20. 兵七进一　马 3 退 4
21. 车二进二　士 6 退 5
22. 车一平二　卒 9 进 1
23. 后车进三　车 7 平 8

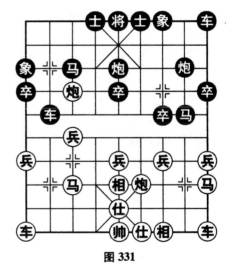

图 331

24. 车二退四　卒9进1
25. 车二进二　车9进3
26. 车二平八　炮2平1
27. 马四进二　车9平6
28. 马二进四　卒5进1
29. 车八平五　象1进3
30. 车五平六!　炮1进5
31. 马四进六　士5进4
32. 车六平七　炮1退2
33. 车七平八　卒9平8
34. 兵五进一　卒8平7
35. 兵五进一　车6进2
36. 后马进四　士6进5
37. 马六退七　卒7进1
39. 马四进三!（图332）

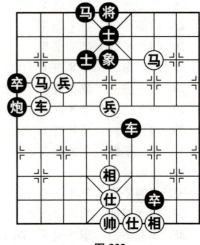

图 332

38. 马七进八　卒7进1?

第 167 局　陈泓盛胜张学潮

1. 兵七进一　卒7进1
2. 炮八平六　车1进1
3. 炮二平五　马2进3
4. 马八进七　车1平4
5. 仕六进五　炮2进4
6. 车九平八　炮2平3
7. 马二进三　马8进7（图333）
8. 车八进三　炮3进3
9. 车一平二　车9平8
10. 车二进六　象7进5
11. 兵五进一　士6进5
12. 兵五进一　卒5进1
13. 马三进五　炮8平9
14. 车二进三　马7退8
15. 兵三进一　车4进2
16. 炮五进三　炮9进4
17. 马五进四　炮9退2
18. 兵三进一　炮3退4?
19. 车八平二!　炮9平6

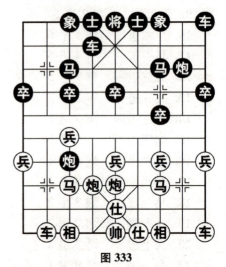

图 333

20. 兵三平四　马8进7　　21. 车二平三！马7退6
22. 炮六平二　车4平8　　23. 炮二平五　卒3进1
24. 马七进五　车8平2　　25. 马五进三　马6进8
26. 车三平二！车2进6　　27. 仕五退六　炮3进4
28. 仕六进五　炮3平6
29. 仕五退六　炮6平4
30. 帅五进一　车2退1
31. 帅五退一　车2进1
32. 帅五进一　车2退1
33. 帅五退一　车2进1
34. 帅五进一　炮4退8
35. 后炮进五！将5平6
36. 兵四进一　车2平6
37. 车二进二　炮4平1
38. 后炮平四　士5进6
39. 炮五退五（图334）

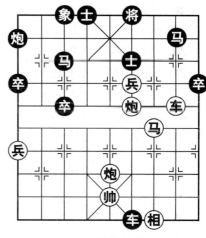

图 334

第 168 局　王嘉良负李义庭

1. 兵七进一　卒7进1　　2. 炮八平三　炮2平5
3. 马八进七　马2进3　　4. 兵三进一　马8进9
5. 兵三进一　车1平2
6. 炮三进二　车2进4
7. 炮二平三　卒3进1（图335）
8. 兵七进一　车2平3
9. 相三进五　马3进4
10. 马二进四　马4进6
11. 后炮平一　车3平7
12. 车九平八　马6进4
13. 车八进一　车9平8
14. 车八平六　炮8进4
15. 车一平三　炮5平4
16. 马七进六　象7进5
17. 炮一平二　车8平9

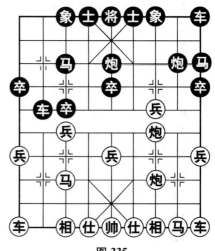

图 335

183

18. 车六进一　士6进5
19. 车三进三　炮8退1
20. 马六进五　炮4进5
21. 马五退三　炮4平8
22. 炮三平五!　车9平6
23. 马四进二　马4进3
24. 帅五进一　炮8退2
25. 车三平四　炮8平2!
26. 帅五平四　炮2平6
27. 帅四平五　马9进7
28. 炮五进二　炮6进1
29. 兵五进一　炮6平2!
30. 帅五平四　炮2进4
31. 仕四进五　马3退5
32. 仕五退四　马5退6!
33. 车四平八　车6进4
34. 车八平三?　卒9进1
35. 马二进四　炮2退4
36. 马三进一　车6平4
37. 炮五平四　车4进2
38. 炮四退一　炮2进2
39. 仕四退五　马6退8
40. 车三平二　马7进8!
41. 马一退三　前马退6!（图336）

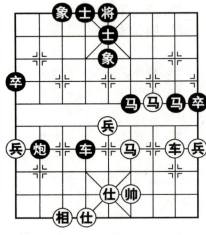

图 336

第169局　孙勇征胜金波

1. 兵七进一　卒7进1
2. 炮八平六　马8进7
3. 马八进七　马2进1
4. 车九平八　车1平2
5. 炮二平五　车9平8
6. 马二进三　士4进5
7. 马七进六　炮8平9
8. 车一平二　车8进9
9. 马三退二　炮2进6
10. 炮五平三　象3进5（图337）
11. 兵三进一　炮2退3
12. 兵三进一!　炮2平4
13. 车八进九　马1退2

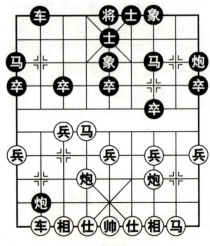

图 337

14. 炮三进五　象5进7　　　　15. 马二进三　炮4退2

16. 炮六进一　象7退5　　　　17. 马三进四　卒5进1

18. 相三进五　卒1进1　　　　19. 炮三平二　炮4退3

20. 马四进三　马2进4　　　　21. 炮六平七　炮9退1

22. 马三退五　炮4平1　　　　23. 炮七进三　炮1进6

24. 炮二退三　炮1退1　　　　25. 炮二进一　象5进7

26. 炮七平四! 炮9进5　　　　27. 仕四进五　炮9退2

28. 兵七进一　象7退9　　　　29. 炮二进三　马4进5

30. 兵七进一　马5进3　　　　31. 相五进七　炮9平8

32. 炮二退二　卒9进1

33. 兵七进一　炮1进4

34. 炮四平八　卒1进1

35. 炮八进三　卒1平2

36. 炮二平七! 马3退5

37. 兵七平八　士5进6

38. 炮八退五　象9进7

39. 马五进三　马5退4

40. 炮七平八　马4进3

41. 后炮平九　马3进5

42. 马三进二　炮8退2

43. 兵八进一　士6退5

44. 兵八平七　将5平4

45. 马二退四! (图338)

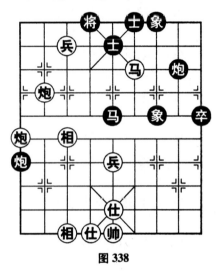

图 338

第 170 局　张申宏胜李晓晖

1. 兵七进一　卒7进1　　　　2. 炮八平六　马8进7

3. 马八进七　马2进1　　　　4. 车九平八　车1平2

5. 炮二平五　车9平8　　　　6. 马二进三　炮2平4

7. 车八进九　马1退2　　　　8. 车一进一　炮8进6 (图339)

9. 马七进八　马2进3　　　　10. 兵一进一　士4进5

11. 兵一进一　卒9进1　　　　12. 车一进四　象7进5

13. 车一退一　炮8退3　　　　14. 马八进七　炮4进4

15. 马三退五　炮4平3　　　　16. 炮五平二! 炮8平7

17. 相三进五　炮3平7
18. 炮二平一　后炮平8
19. 马五进三　炮8进3
20. 仕四进五　炮8平7
21. 兵九进一　车8进9
22. 仕五退四　车8退2
23. 炮一退二　前炮平2
24. 炮一进一　炮2平7
25. 炮一退一　前炮平2
26. 仕四进五　炮2进1
27. 炮一进一　炮7平6
28. 兵七进一　炮2退9
29. 车一平四　炮6平9
30. 兵七平八　炮9退3
32. 兵八进一　卒5进1
34. 马七进六！马5进3
36. 车四平三　车8退5
38. 炮六平八　士5退4
40. 马七退六　马7退6
42. 马六进七　卒7进1
43. 马三退四　车8进3
44. 马七进九　马3进1
45. 车七平一　炮9进1
46. 马九退七　马1退3
47. 车一进二　马3退4
48. 炮八退六　卒5进1
49. 炮八平三　卒5进1
50. 马七退六　马4进5
51. 马六进八！马5退3
52. 马四进三　车8进1
53. 马八进七　马3退4
54. 炮三进五！（图340）

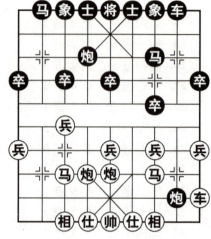

图 339

31. 车四进二　炮9进1
33. 兵八进一　马3进5？
35. 马六进八　马3退2
37. 马八退七　马2进3
39. 炮八进七　士6进5
41. 车三平七！卒7进1

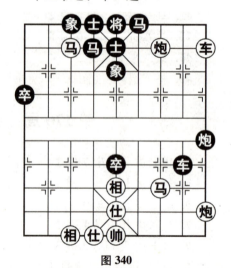

图 340